CAPITAL SOCIAL
— E —
COMUNICAÇÃO

Dados Internacionais de Catalogação na Publicação (CIP)
(Câmara Brasileira do Livro, SP, Brasil)

Matos, Heloiza
Capital social e comunicação : interfaces e articulações / Heloiza Matos.
– São Paulo : Summus, 2009.

ISBN 978-85-323-0539-8

1. Capital social 2. Comunicação 3. Comunicação - Aspectos sociais
4. Comunicação de massa 5. Comunicação e tecnologia 6. Meios de comunicação I. Título.

09-03217   CDD-302.3

Índice para catálogo sistemático:

1. Capital social e comunicação : Comunicação social :
Sociologia   302.3

Compre em lugar de fotocopiar.
Cada real que você dá por um livro recompensa seus autores
e os convida a produzir mais sobre o tema;
incentiva seus editores a encomendar, traduzir e publicar
outras obras sobre o assunto;
e paga aos livreiros por estocar e levar até você livros
para sua informação e seu entretenimento.
Cada real que você dá pela fotocópia não autorizada de um livro
financia um crime
e ajuda a matar a produção intelectual de seu país.

Heloiza Matos

CAPITAL SOCIAL
E
COMUNICAÇÃO

interfaces e articulações

summus editorial

CAPITAL SOCIAL E COMUNICAÇÃO
interfaces e articulações
Copyright © 2009 by Heloiza Matos
Direitos desta edição reservados para Summus Editorial

Editora executiva: **Soraia Bini Cury**
Editoras assistentes: **Andressa Bezerra e Bibiana Leme**
Capa: **Eduardo Bertolini**
Imagem da capa: **Henk L/Stock.XCHNG**
Projeto gráfico e diagramação: **W/Design Editorial**
Impressão: **Sumago Gráfica Editorial**

Summus Editorial
Departamento editorial:
Rua Itapicuru, 613 – 7º andar
05006-000 – São Paulo – SP
Fone: (11) 3872-3322
Fax: (11) 3872-7476
http://www.summus.com.br
e-mail: summus@summus.com.br

Atendimento ao consumidor:
Summus Editorial
Fone: (11) 3865-9890

Vendas por atacado:
Fone: (11) 3873-8638
Fax: (11) 3873-7085
e-mail: vendas@summus.com.br

Impresso no Brasil

Para as gerações da minha família, com especial carinho pela raiz – minha mãe, exemplo de vitalidade e alegria – e pelas pontas dos ramos – Janaína, Felipe, Murilo, Gabriel, Pedro, Eduardo e João Henrique –, continuidade do amor pelas minhas filhas.

Sumário

Prefácio   9
Carlos Eduardo Lins da Silva

Apresentação   19

1. Do conceito de capital social: origens e usos   33

2. Conversação, engajamento cívico e capital social   70

3. Comunicação pública e capital social   101

4. O capital social e as tecnologias de informação e comunicação   133

5. Capital social negativo e suas implicações   153

6. Capital comunicacional: novas perspectivas de estudo   197

Notas   221

Referências bibliográficas   233

Bibliografia comentada   253

Prefácio

Carlos Eduardo Lins da Silva[*]

A primeira década do século XXI é um período crucial para profissionais e estudiosos da comunicação social. No seu transcurso, o avanço de novas tecnologias e a disseminação de seu uso por contingentes cada vez maiores de pessoas em todo o mundo estão transformando de modo radical os hábitos e práticas do consumo de informação e, em decorrência, seu mercado.

Os meios tradicionais de comunicação (jornal, rádio, televisão, livro, disco, cinema) têm, na visão de muitos, sua sobrevivência ameaçada, ou mesmo seu fim decretado. Para estes, é só uma questão de tempo saber quando desaparecerão. Para alguns, a data já está determinada, situando-se em momento anterior ao fim da metade do século. No mínimo, eles terão de passar por adaptações muito importantes para se adequarem aos desafios que lhes foram impostos pela internet e seus derivados ou correlatos digitais.

---

[*]Ombudsman da *Folha de S.Paulo*, doutor e livre-docente em Comunicação pela Universidade de São Paulo e mestre em Comunicação pela Michigan State University.

Além das implicações econômicas e culturais que essas mudanças acarretam, há uma grande ansiedade sobre suas possíveis consequências políticas e sociais. Que tipo de civilização sobrevirá a esse mundo em que os veículos de comunicação "físicos" ou terão desaparecido ou estarão relegados ao plano de coadjuvantes estatisticamente inexpressivos?

Embora uma corrente entusiasmada considere o universo das redes digitais um maná democrático sem precedentes na história humana, muitos temem que ele possa alterar negativamente as relações interpessoais, inclusive no que diz respeito à participação de cidadãos em entidades cívicas, por induzir a um comportamento social em que a interação se dá com cada indivíduo ficando fisicamente isolado dos demais, diante de alguma tela, por meio de um diálogo "virtual", não "presencial", para usar os dois adjetivos que separam o "moderno" do "ultrapassado".

Para resumir: um dos grandes desafios destes tempos atuais é antecipar o resultado da relação entre as maneiras contemporâneas hegemônicas de se comunicar e a formação de capital social.

Por isso, este livro é absolutamente importante. Embora o termo "capital social" circule fortemente em ambientes intelectualizados no Brasil há mais ou menos quinze anos, desde a enorme repercussão que teve, inclusive entre nós, a publicação do já clássico ensaio *Bowling alone*, de Robert Putnam, o conceito está longe de ser conhecido pela maioria dos brasileiros. E o que se entende por capital social ainda não é consenso. Mesmo entre aqueles que julgam conhecê-lo bem.

Assim, a primeira grande contribuição deste volume para o país é a aprofundada e exaustiva revisão bibliográfica sobre "capital social" no exterior e no Brasil, desde seus precursores clássicos mais remotos, como Tocqueville, até outros autores contemporâneos que vêm dedicando suas pesquisas à formação do capital social em diferentes redes de engajamento cívico. Só isso já bastaria para justificá-lo e torná-lo obra obrigatória para quem se interessa pelo tema da comunicação. Não é todo dia que, nessa área do conhecimento, uma revisão bibliográfica tão metódica e competentemente elaborada vem a público.

Mas Heloiza Matos vai além: ela preenche com suas análises aqui relatadas a lacuna que identificou nos estudos sobre esse assunto. Ela explora, conforme suas próprias palavras, "as dinâmicas responsáveis pela articulação entre a prática comunicativa dos cidadãos e a construção de vínculos que os permitam elaborar seus interesses em espaços rotineiros de interação e projetá-los em esferas amplas de debate". Com isso, contribui substancial e decisivamente para essa discussão que é da maior importância para a definição dos rumos que a sociedade brasileira (e mundial) tomará no que se refere não apenas à política, mas talvez ainda mais fundamentalmente às relações entre as pessoas.

A eleição de Barack Obama para a presidência dos Estados Unidos colocou em destaque, ainda mais explícito, o tema da simbiose entre comunicação e capital social. Por muitos motivos, sua vitória eleitoral tem importância simbólica raramente encontrada na história humana. Se antes Putnam considerou que as atividades políticas dos norte-americanos foram drasticamente reduzidas pela ação dos meios de comunicação, a eleição de Obama mostra, em vez disso, como esses meios podem se tornar fundamentais para a participação política e o engajamento cívico. Essa mudança pode trazer consequências significativas para os profissionais e críticos da comunicação.

Desse modo, atribui-se o sucesso de Obama, em grande parte, ao domínio que ele e seus aliados têm sobre as novas tecnologias de comunicação, habilmente utilizadas na campanha presidencial para arrecadar fundos e estabelecer conexões, em oposição aos meios clássicos de seus dois adversários (Hillary Clinton e John McCain), ambos formidáveis articuladores das máquinas políticas que dominaram a política americana ao longo do século XX.

Não importa muito se foi mesmo esse fator que surpreendentemente (até para ele) o levou à Casa Branca; é muito provável que não, embora ainda seja necessário determinar isso cientificamente. Importa é a percepção coletiva de que esse foi um elemento vital. E importa também que Obama está para a internet como John Kennedy estava para a televisão em 1960 e Franklin Roosevelt para o rádio em 1932.

Também é duvidoso que tenha sido a fotogenia televisiva de Kennedy que o tornou presidente; isso acabou virando lenda e agora é considerado fato. Ao contrário daquilo em que quase todo mundo acredita, os debates entre Kennedy e Richard Nixon na televisão tiveram efeito insignificante no resultado eleitoral. Eles foram muito menos significativos do que as excelentes conexões com o submundo do crime mantidas pela família Kennedy ou mesmo as ótimas condições climáticas em todo o país no dia do pleito, que ajudaram a fazer que fossem às urnas (num país onde o voto não é obrigatório) eleitores que eram simpáticos a Kennedy – mas que provavelmente não o fariam, caso tivessem de enfrentar chuva ou neve.

Capital social e comunicação

Mas ninguém discute que Kennedy e televisão tinham tudo a ver e assumiram juntos o poder, assim como Obama e *smartphone* são indissociáveis e também chegam lado a lado ao cume do poder político (o homem) e da comunicação (a máquina). Como sempre, a distância entre ideologia e realidade é grande. Apesar de todo o estardalhaço sobre a enorme capacidade da campanha de Obama em motivar novos eleitores a ir às urnas, a verdade estatística é que o nível de abstenção na eleição presidencial de 2008 não foi significativamente inferior ao das imediatamente anteriores (2000 e 2004) e que a participação dos segmentos mais jovens no pleito não foi tão grande (55% dos eleitores entre 18 e 29 anos votaram em 2008, em comparação com 47% em 2004; cerca de 65% deles votaram em Obama, um pouco mais do que a porcentagem dos que votaram em John Kerry em 2004).

Assim, embora tenha havido uma melhora na participação de jovens na eleição presidencial americana em 2008 em relação a todos os pleitos posteriores a 1960, ainda é muito cedo para afirmar que a perda de capital social detectada por Putnam esteja se dissipando nos Estados Unidos e, ainda mais cedo, para atribuir uma eventual recomposição de capital social à comunicação digital.

Será interessante verificar se, no exercício do governo, Obama conseguirá utilizar as redes sociais digitais que estabeleceu com a mesma intensidade e eficiência com que as operou para se eleger presidente. Sua administração será a primeira a contar com uma base de dados imensa, que poderá ser ativada quando ele quiser, embora ainda seja impossível determinar se ele de fato o fará e com que resultados.

A perspectiva de uma "democracia direta" na qual – diferentemente dos populistas do passado, como Hugo Chávez (não passado cronológico, mas tecnológico) – o líder poderá passar por cima das instituições formais (como congresso e imprensa) para obter apoio direto das massas (mas não mais fisicamente, e sim pelas ondas da internet) é, ao mesmo tempo, fonte de admiração e de receio.

A possibilidade de um governo absolutamente transparente e capaz de se legitimar sem a necessidade de fazer concessões a intermediários que sempre cobram pesados pedágios em troca de seu apoio é, sem dúvida, fascinante. Mas ela também acarreta a oportunidade para que esse líder se converta em alguém tão poderoso que seja capaz de extrapolar os limites do razoável e tentar governar apenas com as massas, num estilo que pode se assemelhar a um fascismo *high-tech* assustador.

Também se deve considerar que essa relação simbiótica entre o líder e as massas via internet tem mão dupla. Ele pode tentar controlá-las, mas elas também têm condições – ao menos teoricamente – de dominá-lo. Como elas poderão reagir quando o inevitável começar a acontecer e se derem conta de que muitas das promessas e aspirações da campanha jamais se concretizarão por falta de condições materiais objetivas? Como a frustração coletiva será extravasada?

Mas ainda não há elementos suficientes para determinar se uma ou outra alternativa, a ótima e a péssima, têm realmente condições de se concretizar. A comunidade "MyBO" (Meu Barack Obama), que funcionou aparentemente tão bem nos vinte meses de campanha – quando as metas eram poucas e muito objetivas, e o grupo era relativamente pequeno –, ainda não chegou a ser testada nas primeiras semanas de exercício do poder – quando as dificuldades se tornaram muito maiores, assim como a diversidade e a complexidade das questões a serem resolvidas com urgência. E a quantidade de caciques e índios na taba de Obama aumentou exponencialmente.

Se, por um lado, o livro de Heloiza Matos nos permite elaborar reflexões acerca das novas modalidades de participação política e de influência direta sobre os rearranjos do poder contemporâneo, por outro, ele nos remete também a questões ligadas à participação cívica, ou seja, à construção da cidadania dos indivíduos por meio de seu engajamento em práticas cotidianas mediadas e face a face. Segundo ela, as novas tecnologias podem auxiliar os indivíduos e grupos a estabelecerem laços comunicativos capazes de ampliar a opinião pública e de trazer novas contribuições para o debate sobre questões de interesse coletivo.

A grande questão, para a qual ninguém – muito menos eu – tem a resposta (cuja busca conta com a significativa contribuição deste livro), é: essas novas tecnologias vão ajudar ou atrapalhar na construção de redes sociais de verdade, para fazer que o capital social declinante no mundo inteiro possa ser recomposto?

Pessoalmente, até mais do que isso, preocupa-me compreender que tipos de indivíduo esse novo universo de comunicação pode gerar. A observação do comportamento dos integrantes da primeira geração que, desde a mais tenra infância, já lidava com os computadores e a internet e dominava a sua linguagem às vezes chega a ser apavorante para quem se criou em tempos tão diversos e cultua valores como a defesa da privacidade.

É assustador constatar que, para os adolescentes atuais, *privacidade* é alguma coisa que faz pouco sentido ou sequer existe. A naturalidade com que eles se expõem, deixando seus sentimentos e atos mais íntimos ao alcance de todos nas suas redes de relacionamento, é impressionante. A perfeita conjugação de exibicionismo com voyeurismo que possibilita, por exemplo, que a fórmula dos *reality shows* seja um sucesso universal, repetindo-se nos Facebooks, MySpaces e similares com um impacto que só se pode imaginar sem nenhuma precisão nem concordância.

A cultura de devoção à celebridade, engendrada pelos meios tradicionais como a televisão e o cinema e consagrada em seu ápice de entusiasmo pela internet, faz que o grande terror para os jovens contemporâneos seja o binômio composto por *anonimato* e *solidão*. Ninguém tolera a possibilidade de ser anônimo e muito menos de ficar sozinho, embora esse sozinho não signifique o isolamento físico do indivíduo, que está a sós em seu quarto mas em contato frenético e concomitante com dezenas de seus pares, espalhados pelo país e pelo mundo e cuja identidade real lhe é incerta.

Vive-se em função dessa relação com os outros e sacrificam-se, em decorrência, a capacidade de concentração, a introspecção, a autorreflexão e o autoexame. Nenhum espaço mental existe fora de um grupo. A comunicação se torna mais performática do que narrativa, o gráfico se impõe ao verbal, o consumo irrefletido de informação prescinde da análise.

A internet está para a solidão como a televisão esteve para a chateação no caso de gerações anteriores. A televisão, em princípio, destruiria a possibilidade de alguém se sentir chateado, aborrecido, pois garantiria a diversão permanente (*amusing ourselves to death*, era o que fazíamos, como se dizia criticamente nos anos 1960). Contraditória e compreensivelmente, no entanto, aconteceu o oposto: quanto mais as pessoas assistiam à televisão, mais se sentiam chateadas e mais aumentava o pavor de ficar chateado, o que levava a doses ainda maiores de televisão, num círculo vicioso absurdo.

A convivência digital guarda similaridades com esse fenômeno do passado, que já foi objeto de muito estudo. As redes de relacionamento, em princípio, afastam a possibilidade de solidão. Mas quanto mais intensamente os jovens se relacionam dessa maneira, mais sós se sentem e mais receiam ficar sós, o que os leva a aumentar ainda mais a dose de mensagens compulsivamente trocadas pelos computadores, celulares, *smartphones* e congêneres.

Os mais "populares", sendo portanto os que mais se assemelham a celebridades nesses grupos virtuais, chegam a ter centenas ou milhares de "amigos". Que sentido terão a palavra e o sentimento *amizade* quando a quantidade-padrão dos que se incluem nesse conceito estiver na casa das centenas? O que é ser amigo de seiscentas pessoas?

O que vai ser do mundo estruturado segundo esse tipo de comunicação? Que tipo de capital social, em seu sentido mais amplo, esse "capital comunicacional" – para usar a terminologia e o conceito que Heloiza Matos propõe – vai ajudar a construir?

É a esse tipo de meditação que este ótimo livro remete. Ele traz um conjunto de preocupações vitais não apenas para a atividade da comunicação social, mas para o próprio porvir da sociedade humana aqui e em qualquer lugar.

Por isso, ter sido convidado para prefaciá-lo foi para mim motivo de muita satisfação. Espero que os leitores o aproveitem e retirem dele prazer intelectual similar ao que eu experimentei quando o li.

Fevereiro de 2009

Apresentação

O conceito de capital social é atualmente utilizado em pesquisas de campos disciplinares variados, unindo interesses da sociologia, da economia institucional, da ciência política e das áreas relacionadas com a saúde, o desenvolvimento econômico e a educação. Seu desdobramento teórico tem atraído, nas últimas décadas, acadêmicos, instituições internacionais (por exemplo, ONU e OCDE[1]), partidos políticos, governos nacionais e locais e organizações do terceiro setor. Todavia, a noção de capital social não é nova, embora a produção científica recente sobre ela inove ao articular as experiências concretas dos sujeitos contemporâneos em redes de engajamento cívico, nas quais são estabelecidas normas de reciprocidade e confiança generalizada. Assim, a novidade está no fato de considerar as interfaces entre o capital social, a sociabilidade, a prática associativa, as normas e os valores, de modo a construir um princípio explicativo de múltiplos fenômenos comunicativos, sociais e políticos.

No Brasil, o tema do capital social assume importância no final da década de 1990. Uma publicação de resenha bibliográfica sobre o tema (Abu-el-Haj, 1999) indicava, à época, como únicas referências traduzidas para o português o livro *Comunidade e democracia*, de Putnam, publicado pela FGV em 1996, e uma obra de Fukuyama, *Confiança: as virtudes sociais e a criação da prosperidade*, publicada pela Rocco também em 1996, sobre os níveis de confiança como característica cultural essencial para o florescimento do capital social.

A consolidação do processo democrático no governo Fernando Henrique Cardoso, aliada à opção pela agenda neoliberal, aprofundou a discussão dos novos desafios da democracia no final do século e resultou numa diversificação da pesquisa sobre o capital social; especialmente no que diz respeito à relação entre o Estado e o mercado, a governança, a cultura, a cidadania e a ação do Estado. Assim, do ponto de vista do mercado e do terceiro setor, observam-se duas tendências: com relação à tecnologia da informação, o conceito de capital social tem sido tratado como sinônimo de rede colaborativa (Vasques, 2008). Por outro lado, há uma tentativa de ampliação ou deslocamento do conceito de responsabilidade social, na direção do conceito de capital social.[2]

De maneira geral, no Brasil, os estudos têm se organizado em torno de três eixos principais. O primeiro menciona o uso do conceito nos processos de democratização e renovação cultural. Os elementos centrais dessa corrente são as relações de causalidade entre confiança interpessoal e confiança nas instituições, nos processos de consolidação democrática. Marcello Baquero (2004 e 2006), Lucio

Rennó (2001) e Rogério da Costa (2008) são alguns dos autores que trabalham com essa perspectiva. O segundo eixo tem diagnosticado um déficit de legitimidade na democracia brasileira pela ausência de confiança nas instituições políticas. Assim, figuram nesse eixo análises de políticas públicas e/ou desempenho governamental. Boschi (1999) e Borba (2007) têm testado as possíveis correlações entre os estoques de capital social e o sucesso do desempenho governamental. Por sua vez, o terceiro eixo de estudo busca verificar a validade dos pressupostos e a estrutura da teoria do capital social. Destacam-se os trabalhos de Rennó (2001) e Reis (2003).

A coletânea de textos organizada por Nuria Grau (1998) inclui um artigo de Charles Relly em que o capital social é apresentado como condição para o exercício da cidadania. E, ainda, sobre as desigualdades da América Latina e a relação entre cultura e capital social, Bernardo Kliksberg (2000a; 2008) analisa o impacto do conceito e seu uso na região.

Particularmente no que diz respeito ao capital social, Marcello Baquero é um dos autores brasileiros que mais têm se dedicado a essa linha de pesquisa. Em 2004, organizou uma coletânea voltada para o estudo do capital social relacionado com a democracia e a juventude no Brasil. Em 2006, junto com Dejalma Cremonese, publicou outra coletânea sobre a teoria e a prática referentes ao capital social. Nesta última, mais especificamente na parte do livro que trata da dimensão conceitual, autores de vários campos do conhecimento fizeram um balanço crítico do conceito, analisando as especificidades e os limites da aplicação do capital social no contexto brasileiro.

Neuma Aguiar, em 2007, publicou uma obra direcionada para as desigualdades sociais, redes de sociabilidade e a participação política, como resultado de uma pesquisa realizada na área metropolitana de Belo Horizonte.

Em outras publicações, os conceitos de comunidade, cidadania e movimentos sociais ganham destaque. Nelas, o capital social é relacionado com a formação de redes cívicas e com o modo de implicação dos cidadãos nessas redes (ver Kunsch e Kunsch, 2007; Paiva, 2003). Todavia, essas relações permanecem ainda pouco explicadas e exploradas. Na primeira obra, um texto de Peruzzo (2007), citando Franco, ressalta que para o desenvolvimento econômico e social é necessário que haja a passagem do capital humano para o capital social. Franco, por sua vez, reconhece que o caminho para essa passagem consiste em oferecer condições para que os "beneficiários passivos" dos programas assistenciais sejam capazes, eles mesmos, de superar seus problemas e melhorar a qualidade de vida. O autor define o capital social como a "capacidade de cooperar, de formar redes, de regular seus conflitos democraticamente e, enfim, de constituir comunidade" (Franco *apud* Peruzzo, 2007).

No artigo "Tocqueville não via TV",[3] de 2006, Wilson Gomes discutiu a obra de Putnam, com especial atenção para a relação entre capital social, TV e democracia. O autor nega a relação entre a audiência de TV e a influência no nível do capital social. Contudo, talvez por escapar dos seus objetivos naquele artigo específico, o autor não se refere ao vínculo entre internet, capital social e o engajamento cívico. Outros autores brasileiros (Recuero, 2005; Primo, 2005; Maia, 2001; Lemos,

Capital social e comunicação

2003; Costa, 2004) também se interessaram pelo tema da influência que as tecnologias de informação e comunicação exercem sobre a sociabilidade, a participação cívica e a construção da cidadania, sem necessariamente discutirem, de modo inter-relacionado, os três fatores diretamente associados ao Capítulo 4 deste livro: tecnologias de informação e comunicação (TICs), capital social e participação cívica.

Nesse sentido, apesar de existirem algumas pesquisas sobre a relação entre o conceito de capital social e o campo da comunicação social, argumento que os estudos até hoje desenvolvidos conferem pouca atenção às articulações entre o processo comunicativo (entendido em sua dimensão relacional) e a formação do capital social. Inclusive, é raro encontrar pesquisas que se dediquem a explorar, de maneira refinada e inovadora, a construção do capital social como um processo comunicativo de intercompreensão e cooperação, no qual os interlocutores estabelecem conversações, diálogos e trocas de informação acerca de suas experiências, questões e problemas. Por isso, enfatizo que a comunicação, como atividade coletiva que envolve o uso da linguagem e o fortalecimento de vínculos sociais, é uma condição necessária para a formação e utilização do capital social.

De modo geral, os estudos dos teóricos da comunicação que se preocupam em avaliar sua contribuição, como processo, meio e mediadora, para a formação e/ou o declínio do capital social são ainda incipientes. Além disso, a comunicação é vista como um epifenômeno no processo, e não como parte fundamental dele. A meu ver, as relações entre comunicação e capital social têm-se restringido às interfaces que podem ser indicadas e mensuradas entre este conceito e a função dos meios de comunicação na sociedade. Meu interesse consiste em escapar dessa perspectiva funcionalista dos meios e explorar as dinâmicas responsáveis pela articulação entre a prática comunicativa dos cidadãos e a construção de vínculos que os permitam elaborar seus interesses em espaços rotineiros de interação e projetá-los em esferas amplas de debate. Os meios de comunicação são parte integrante desse processo, pois auxiliam as pessoas a estabelecerem vínculos umas com as outras, tornam disponíveis e acessíveis informações e pontos de vista e aproximam indivíduos e grupos em redes de sociabilidade. É exatamente essa hipótese que me instiga a buscar caminhos para um entendimento mais claro da relação entre comunicação e capital social.

Ao longo dos anos de 2006, 2007 e 2008, dediquei-me intensamente ao estudo das articulações possíveis entre a comunicação e o capital social. Esses estudos deram origem ao livro que agora publico pela Summus Editorial. Os textos aqui reunidos abordam, de diferentes ângulos, a diversidade de articulações que podem ser estabelecidas entre o campo da comunicação e a investigação recente acerca do conceito de capital social.

Este livro – *Capital social e comunicação: interfaces e articulações* – apresenta-se, assim, como uma obra que pretende estender as relações entre a comunicação e o capital social para além da identificação de interfaces entre ambos. Minha pretensão é a de não ficar restrita à mídia, mas levar a investigação a novos horizontes, incluindo perspectivas promissoras. No âmbito destas últimas, encontram-se a recente produção sobre o conceito de "capital comunicacional" e a análise acerca das tecnologias de informação e comunicação.

A proposta central deste livro é a de suprir a carência de reflexões teóricas sobre as articulações possíveis entre o processo comunicativo e a formação do capital social. Ao entender o capital social como origem e resultado de ações comunicativas, proponho um novo ângulo de visão a um debate já instaurado no meio acadêmico. O objetivo consiste em proporcionar aos pesquisadores do assunto uma oportunidade de acesso a discussões atualizadas e originais, resultado de um investimento recente envolvendo a revisão, organização e leitura crítica de uma extensa bibliografia sobre capital social. Tal bibliografia é utilizada como base para a proposição de textos que buscam salientar os aspectos comunicacionais da noção de capital social (ver Bibliografia comentada).

Acredito que o livro possa trazer contribuições para estudantes dos cursos de graduação e pós-graduação das áreas de comunicação social, ciências sociais e ciências políticas. Além disso, pode ser utilizado como obra de apoio em cursos ligados à dinâmica das organizações, à saúde, à educação e à comunicação pública.

No primeiro capítulo, "Do conceito de capital social: origens e usos", elaboro uma cuidadosa investigação a respeito das origens do conceito de capital social, bem como de suas principais dimensões e usos atuais. Embora a noção de capital social abarque um campo vasto e diversificado, o estudo do conceito se apoia em um ponto comum: compreender como os indivíduos e as instituições podem atingir objetivos comuns. E a condição para isso é que o indivíduo faça parte de uma comunidade engajada civicamente, participando em redes de interação.

No segundo capítulo, "Conversação, engajamento cívico e capital social", procuro estabelecer as contribuições e os impasses oferecidos pela noção de conversação cotidiana voltada para o entendimento mútuo e o fortalecimento do engajamento cívico. Parto do princípio de que, embora a noção de capital social englobe um campo vasto e diversificado, o estudo do conceito visa ao mesmo objetivo: compreender como os atores sociais e as instituições podem, apesar de apresentarem interesses conflitantes, atingir objetivos comuns, por meio de uma dinâmica conversacional em diferentes espaços e momentos do cotidiano. Busco também analisar algumas dimensões do conceito de opinião pública, tentando articular as relações entre a formação da opinião pública e as conversações diretas e mediadas nas formas de engajamento cívico, fator determinante para o estabelecimento do capital social na sociedade contemporânea.

O terceiro capítulo, "Comunicação pública e capital social", tem como objetivo explicitar as articulações entre a comunicação pública, a comunicação política e o capital social. Para tanto, retomo as reflexões que apresentam o estado da arte da comunicação pública no Brasil e em alguns países europeus, pioneiros na abordagem e práxis referentes ao conceito. Proponho que a compreensão dessas articulações requer uma consideração das dinâmicas comunicativas da esfera pública, entendida para além das dimensões institucionalizadas, e uma sistematização da comunicação pública como espaço plural para a intervenção por parte do cidadão no debate das questões de interesse coletivo. A comunicação pública tem sido mais analisada do ponto de vista do poder instituído (Estado e governo) do que da sociedade civil. O foco dos estudos tem deixado de lado a interação comunicativa nas e entre as redes sociais. No Capítulo 3, proponho-me, então, a analisar o conceito de capital social e seu papel na ativação das redes sociais, e indagar sobre o papel que caberia à comunicação pública nessa relação entre capital social e redes cívicas. Revelo que essas redes são elementos constitutivos do processo comunicativo, sendo também pontos de partida para a identificação dos níveis de capital social. A meu ver, a construção de uma interface entre a comunicação pública e o capital social resulta em um caminho promissor para uma nova compreensão desse tipo de comunicação.

O quarto capítulo, "O capital social e as tecnologias de informação e comunicação", visa correlacionar três fatores principais: tecnologias de informação e comunicação (TICs), capital social e participação cívica. Recentemente, ao dedicar-me a uma pesquisa sobre a relação entre TICs e capital social, pude abordar algumas questões referentes aos impactos das TICs e às condições do engajamento cívico e da participação política (Matos, 2007b e 2008). No que diz respeito às aproximações entre TICs e capital social, a vertente que me interessa é a da crescente especialização das novas formas de interação social mediadas por essas tecnologias. Por exemplo, a inserção de imagem e texto na telefonia móvel vem possibilitando maneiras renovadas de estabelecimento de laços interpessoais. Coube, então, no Capítulo 4, uma análise mais detalhada do impacto das tecnologias da informação e da comunicação sobre a participação cívica de indivíduos e grupos nas comunidades, buscando melhor compreender as interfaces entre TV e internet, mais especificamente, com referência aos níveis de capital social.

O quinto capítulo, "Capital social negativo e suas implicações", tem por finalidade ressaltar o fato de que o capital social também pode ser associado à exclusão social e política, à corrupção e às dificuldades enfrentadas por cidadãos marginalizados para participar da esfera pública de debate e argumentação. Procuro mostrar que as mesmas normas de reciprocidade, confiança e cooperação que regem as associações cívicas e as relações voltadas para a participação política e a solidariedade entre "cidadãos de bem" coordenam também as ações do tráfico de drogas, dos políticos mal-intencionados e das facções racistas.

No sexto capítulo, "Capital comunicacional: novas perspectivas de estudo", apresento as linhas gerais de um conceito que ainda está em processo de construção: o capital comunicacional. Definido em linhas gerais como o potencial intersubjetivo de intercompreensão e negociação recíproca de entendimentos e pontos de vista diante de uma situação que exija a ação coordenada para a solução de impasses e problemas, o capital comunicacional revela-se como noção promissora para aqueles que se interessam em aprofundar a reflexão acerca das articulações entre o processo comunicativo (compreendido de forma ampla, incluindo as trocas informais face a face, os fluxos midiáticos, a emergência dos recursos tecnológicos e o aumento do acesso às informações) e o capital social.

Por fim, ofereço uma Bibliografia comentada, abrangendo referências fundamentais organizadas em seis temas: a) conceitos e críticas; b) capital social e ciências políticas e sociais; c) capital social, comunicação e mídia; d) capital social e tecnologias de informação e comunicação (TICs); e) o capital social nas organizações; f) capital social, saúde e educação. Para cada tema, desenvolvo uma breve apresentação das linhas gerais das pesquisas que têm se dedicado à produção acadêmica envolvendo a noção de capital social. Considero essa iniciativa de extrema utilidade para os alunos e pesquisadores interessados em elaborar estudos que utilizem o capital social como operador teórico.

Agradecimentos

A produção deste livro é o resultado de uma longa trajetória acadêmica em duas instituições brasileiras: a Cásper Líbero e a Escola de Comunicação e Artes (ECA) da Universidade de São Paulo, pontos de partida para a obtenção do meu estágio pós-doutoral no Gresec, um grupo de pesquisa em comunicação do Institut de la Communication et des Médias da Universidade Stendhal, em Grenoble, França.

Agradeço ao Erasmo de Freitas Nuzzi, professor emérito da Cásper Líbero, pelo exemplo de persistência e apoio para que eu pudesse prosseguir na carreira e superar as dificuldades pessoais que encontrei nessa trajetória.

Sou igualmente grata ao professor José Marques de Melo, da ECA, pelo seu pioneirismo e incentivo às novas gerações de estudiosos da comunicação. Da mesma instituição, lembro-me com carinho e gratidão do professor Virgilio Noya Pinto, já falecido, meu orientador no mestrado e doutorado.

Também agradeço profundamente o apoio e a disponibilidade para ouvir e indicar novos rumos para a pesquisa do professor emérito Bernard Miège e da professora Isabelle Pailliart, do Gresec, onde estive em dois períodos: 1995 e 2007.

Devo às instituições citadas e a seus dirigentes, colaboradores e alunos a oportunidade de atuar como docente e desenvolver estudos e pesquisas inovadoras, sempre enriquecidas pela interlocução com professores, pesquisadores e orientandos, como também pelo acesso ao acervo desses centros de excelência acadêmica.

Não posso deixar de mencionar minha gratidão aos pesquisadores de comunicação política de várias universidades do país que, ao longo dos anos, vêm acompanhando a minha trajetória de pesquisa e acolhendo-me com carinho e respeito, mesmo nas ocasiões em que sou mais ouvinte do que falante. Esses colegas têm sido minha referência para crescer e ousar por caminhos novos como esse que acabo de trilhar.

Como tenho de citar muitas pessoas e não quero correr o risco de esquecer nomes, decidi eleger um colega para representar todos aqueles a quem devo tanto. Wilson Gomes, um dos mais brilhantes pesquisadores da comunicação, que, entre outras contribuições, apresentou-me o tema do capital social, objeto de estudo do livro que apresento agora. Aceitei, assim, o desafio de me debruçar sobre um tema incensado e ao mesmo tempo criticado, talvez por ser ainda desconhecido e pouco explorado nos estudos da linha de pesquisa à qual me filiei, e agregar o resultado aos conhecimentos já acumulados no campo da comunicação política e pública.

A três outros pesquisadores que acompanharam toda a produção deste livro, leitores críticos e atentos à pertinência dos conceitos, tributo minha imensa gratidão: Guilherme Nobre e Ângela Marques, ambos pesquisadores e pós-doutores com uma carreira promissora no campo da comunicação política e das políticas públicas, além de Angela Mattos, que também teve um papel importante nesse projeto de estudos, pois acreditou nele e incentivou minha aproximação com novos conhecimentos e autores da epistemologia da comunicação, campo em que vem atuando com competência e coragem.

Esta publicação não teria sido possível sem o apoio da Capes e seus gestores, que em duas ocasiões (1995 e 2007) me concederam uma bolsa para a realização de estágio pós-doutoral na Universidade Stendhal.

Espero que, ao apresentar esta obra aos pesquisadores de comunicação, sociologia, ciência política, tecnologias da comunicação e informação, políticas públicas e áreas correlatas, possa oferecer a oportunidade de discussão de um tema instigante e inovador, redimensionando os atributos de confiança, reciprocidade e cooperação nas redes sociais. Busco, ainda, apontar possibilidades para a obtenção de níveis satisfatórios de capital social nas organizações e associações diversas, no terceiro setor, nos movimentos sociais, algo necessário para o engajamento cívico numa sociedade plural e democrática.

1. Do conceito de capital social: origens e usos

Os estudos acerca do capital social têm se valido da obra *A democracia na América*, de Alexis de Tocqueville (1987), para analisar os padrões de participação cívica e política, e da obra *A ética protestante e o espírito do capitalismo*, de Max Weber (1982), para compreender as possíveis relações entre as modalidades associativas na América (religiosas, comerciais, sociais). Particularmente, Tocqueville destacou, de modo pioneiro, a importância das relações associativas entre diversas organizações voluntárias para a constituição de uma forma de democracia sustentada por um bom governo, garantindo um movimento histórico capaz de conduzir à igualdade de condições entre os atores da sociedade civil.

Analisando as características das associações na América do século XIX, Tocqueville assinala que essa maneira de agir em comum se beneficia do apoio de um conjunto de elementos (tipo de eleição, governo local, liberdade de imprensa, júri popular e associações) que facilitaria a aproximação entre os indivíduos, oferecendo a oportunidade do compartilhamento de problemas cotidianos e incentivando a força da interdependência. A liberdade de associação serviria, assim, para os cidadãos se conhecerem uns aos outros e definirem objetivos comuns, para se reunirem e nomearem mandatários encarregados de cuidar de seus interesses. Mas as associações iriam além do status político: "Phillipe Chanial assinala que as associações ocupam, no modelo de Tocqueville, o papel da mão invisível de Adam Smith. São elas que servem, com efeito, para ligar os interesses particulares e públicos" (Lallement, 2006, p. 74).

No que se refere à obra de Weber, é importante destacar algumas de suas constatações sobre as comunidades religiosas americanas. Em primeiro lugar, ele assinala o reduzido número de pessoas que possuíam uma religião, devido aos altos valores cobrados como "contribuição". Em segundo lugar, menciona o fato de que ser admitido em uma comunidade religiosa trazia o reconhecimento do valor moral dos indivíduos, além da garantia de sua integração social e sucesso financeiro. E, em terceiro lugar, observa que ser um ianque típico significava pertencer a outras associações (esportivas, estudantis, profissionais). Assim, as ideias de Weber diferiam das de Tocqueville, pois ele (Weber) afirmava que o capital social americano seria fruto da manifestação de práticas religiosas as quais, conforme se secularizavam, passavam a manifestar sua força política (Lallement, 2006).

A expressão "capital social" parece ter sido empregada pela primeira vez por Hanifan (1916), que o definiu como um conjunto de relações sociais marcadas pela boa vontade, camaradagem e simpatia, atributos muito próximos do *goodwill* utilizado para definir as relações públicas na sua origem. O termo também foi usado por Jane Jacobs (2000) em sua obra *Morte e vida de grandes cidades*, publicada originalmente em 1961.

Contudo, a primeira análise sistemática do conceito de capital social surgiu no campo da sociologia, no artigo "Le capital social: notes provisoires" (1980), de Pierre Bourdieu. O autor o definiu como "o conjunto de recursos atuais e potenciais que estão ligados à posse de uma rede durável de relações mais ou menos institucionalizadas de interconhecimento e inter-reconhecimento" (p. 2). Para ele, o capital social descreve circunstâncias nas quais os indivíduos podem se valer de sua participação em grupos e redes para atingir metas e benefícios. Assim, além de atributo individual, o capital social é visto como componente da ação coletiva, ativando as redes sociais. Ele representa um conjunto de elementos com os quais uma classe social garante sua reprodução, incluindo o capital econômico, o capital cultural (como o reconhecimento de dado status social), o capital simbólico (relacionado ao reconhecimento do prestígio de quem o detém). O conjunto desses tipos de capital circula em redes sociais e possui características que justificam a adoção do termo *capital*: passibilidade de acumulação (capital mobilizável), convertibilidade (capital humano transformado em capital social) e reciprocidade (indicadores de confiança).

Bourdieu destaca, ainda, que o conceito de capital social está diretamente ligado ao capital cultural, sendo que o volume de capital social concentrado por um agente seria determinado pela extensão das redes cívicas que ele pode mobilizar e do capital (econômico, cultural e simbólico) do qual ele se apropria nas relações com os outros. Segundo esse ponto de vista, o capital social seria um atributo do indivíduo inserido em um contexto social, ou seja, seria algo passível de ser apropriado por atores e grupos.

Essa perspectiva difere daquela desenvolvida por Coleman, autor que primeiro explorou o potencial heurístico do conceito. No artigo fundador de seus estudos, "Social capital in the creation of human capital"(1988), Coleman propõe que o capital social deve ser concebido como um bem público, ou seja, algo inerente à estrutura das relações entre os indivíduos. Mais tarde, ele enfatiza que o capital social não se situa nem nos indivíduos nem nos meios de produção, mas nas redes sociais densas e fechadas que garantem a confiança nas estruturas sociais e permitem a geração de solidariedade (Coleman, 1990, p. 302). De modo diferenciado, Burt (1992) acredita que as redes abertas e caracterizadas pelas pontes que estabelecem entre vários atores são as responsáveis pela formação do capital social (ver o Capítulo 5).

Apoiando-se em Granovetter (1983), Coleman ofereceu uma distinção entre o capital físico, o capital humano e o capital social. O capital social seria constituído por três características: as obrigações e expectativas que ajudam a estruturar a confiança entre os membros da rede; a capacidade da estrutura social para gerar e colocar em funcionamento os fluxos de informação; e as normas que regem o processo. Assim como o capital físico e o humano, o capital social não é completamente perecível, embora possa sê-lo em certas circunstâncias, podendo gerar e/ou facilitar algumas ações. O capital social pode também dar origem a externalidades (algo como um efeito colateral) positivas ou negativas (Lin, 1995; Ostrom, 2003; Levi, 2001; Portes, 2000), tema que será discutido no Capítulo 5.

Tanto Coleman como Bourdieu chamam a atenção para a intangibilidade do capital social se comparado, por exemplo, ao capital econômico e/ou físico associado aos bens financeiros e materiais. Coleman realizou uma análise do capital social segundo os ângulos econômico e sociológico, para transpor o conceito de racionalidade da economia para a sociologia. A seu ver, a ação racional aliada ao capital social tornaria possível a ação social. O autor indica que, assim como outras formas de capital, o capital social é produtivo, pois permite atingir certos objetivos que não seriam alcançados sem a sua presença, diferentemente de outras formas de capital.

Coleman salienta que o capital social pode ser encontrado em dois tipos de estrutura: nas redes sociais que funcionam num espaço fechado (um clube, associação ou sindicato, com suas próprias normas e sanções) ou numa organização social ou instituição com um objetivo específico (empresa, governo, associação cultural, partido político, ONG). Neste último caso, a organização ou instituição pode se afastar de seu objetivo primário (lucro, gestão, eleição) para integrar uma ação ou causa social.

Dessa maneira, o capital social pode assumir três formatos, correspondendo: 1) às expectativas e obrigações recíprocas, que dependem do grau de confiança que permeia dada estrutura social; 2) às redes de comunicação nas quais circulam as informações, que facilitam a articulação das ações coletivas; 3) às normas que garantem a aplicação dos itens apontados anteriormente (Coleman, 1988).

Assim, a definição de Coleman é por natureza funcional: o capital social é relacional e visa facilitar as transações no mercado e as ações individuais e coletivas.[4] A contribuição de Coleman é significativa não apenas pelo pioneirismo, mas pela influência que exerceu sobre Robert Putnam e outros autores que viriam a trabalhar com a economia institucional. No geral, a visão de Coleman parece mais ampla do que a de Putnam, pelo fato de que, além de tratar dos efeitos do capital social nas redes de interação, estende a análise para as relações intergrupais.

As pesquisas pioneiras de Coleman no campo da educação e de Putnam sobre a participação cívica e o comportamento das instituições são fontes de inspiração para a maior parte dos estudos atuais sobre o capital social, os quais, em geral, concentram-se em nove campos: família; comportamento juvenil, escolarização e educação; vida comunitária virtual e cívica; trabalho e organização; democracia e qualidade do governo; ação coletiva; saúde pública e meio ambiente; delinquência e violência; desenvolvimento econômico.

De modo geral, o conceito de capital social atingiu ampla repercussão após a publicação dos estudos de Robert Putnam. Seu trabalho de maior impacto foi a obra *Making democracy work*, na qual ele define o capital social como "características das organizações sociais, de tal forma que são as redes, as normas partilhadas e a confiança que facilitam a coordenação e a cooperação visando a um proveito mútuo" (Putnam *et al.*, 1993, p. 36). Ele afirma, ainda, que essas redes, sustentadas pela colaboração entre seus membros, constituem uma memória cultural que se torna fonte de orientação para ações futuras. No estudo que realizou sobre a Itália do período de 1860 a 1987, concluiu que os dados obtidos indicavam que regiões com maior engajamento cívico (com um estoque elevado de capital social) possuem instituições e governos com melhor desempenho. Explorarei as teses e os argumentos desenvolvidos por esse autor mais adiante.

Para Fukuyama, o conceito de capital social parte do reconhecimento da confiança como "virtude" da cultura de determinados países e regiões. "A confiança representa as expectativas que se desenvolvem no interior de uma comunidade, regida por um comportamento regular, honesto e cooperativo, fundamentado em normas habitualmente partilhadas com outros membros desta comunidade" (Fukuyama, 1996, p. 26). A tese do "fim da história" por ele anteriormente proposta chamou a atenção para a emergência de uma uniformização crescente provocada pela economia de mercado e pela globalização. Para se adaptar a essa nova situação, seria necessário deixar a regulação para o mercado e, como forma de compensar os efeitos dessa opção, ativar o capital social, entendido como expressão das capacidades auto-organizativas da sociedade.

Quanto ao estudo do capital social e suas relações com o desenvolvimento social e econômico, podem-se encontrar quatro abordagens: a comunitária, a das redes, a institucional e a sinérgica. De acordo com as características sintetizadas por Woolcock e Narayan (2007), apresentamos a seguir, de modo mais detalhado, essas quatro abordagens.

A abordagem comunitária identifica o capital social com organizações locais como clubes, associações e grupos cívicos; a quantidade e a densidade desses grupos têm um efeito positivo sobre o bem-estar da comunidade. Essa abordagem trouxe diversas contribuições relacionadas à pobreza, mais especificamente ao reconhecimento da importância dos laços sociais para o pobre que enfrenta o risco e a vulnerabilidade. A perspectiva comunitária parte do pressuposto de que as comunidades são entidades homogêneas que tendem a incluir e a beneficiar todos os membros. No entanto, os estudos sobre a exclusão étnica e a discriminação por ela geradas indicam o contrário. Como evidenciarei no Capítulo 5, a solidariedade social e a densidade dos grupos não são suficientes para garantir a prosperidade. Grupos indígenas no Brasil e no restante da América Latina, por exemplo, apesar de possuírem alto grau de solidariedade, seguem sendo vítimas de exclusão econômica e da ausência de reconhecimento social.

A perspectiva das redes é abrangente, pois mescla características do capital social com laços fortes (intracomunitários) e fracos (intercomunitários), horizontais e verticais, abertos e fechados. Os laços verticais definem o capital social como algo que une os integrantes de um grupo, enquanto os laços horizontais promovem o surgimento de pontes entre grupos (ver Capítulo 5). Essa visão postula que o capital social seria uma lâmina de dois fios: por um lado, pode oferecer aos membros de uma comunidade uma variedade de serviços – desde o cuidado com as crianças até recomendações para a obtenção de trabalho e ajuda em casos de emergência; mas, por outro lado, esses mesmos laços podem gerar obrigações e compromissos marcados pela fidelidade cega aos líderes, resultando em envolvimentos ilegais e concentração de informações que normalmente são negadas aos membros menos fiéis. O enfoque das redes reconhece, então, que leis débeis e a discriminação explícita podem tornar ineficazes os esforços que as minorias mais pobres mobilizam em prol dos interesses coletivos. Porém é evidente que, em geral, não se tem considerado o papel que lhes cabe na comunidade, no desempenho institucional e em relação ao enorme potencial que possuem as relações positivas entre o Estado e a sociedade.

A visão institucional remete ao fato de que a vitalidade das redes comunitárias resulta de um contexto político, legal e institucional que depende da qualidade das instituições formais (Estado e empresas, por exemplo) existentes na comunidade. Assim, essa abordagem sustenta a hipótese de que a capacidade de mobilização dos grupos sociais depende da transparência e da responsabilidade dessas instituições perante a sociedade civil. Há o pressuposto de que, à medida que a sociedade civil se fortalece, o Estado tende a perder força. Segundo essa perspectiva, a corrupção, os atrasos burocráticos, a ausência de liberdades cívicas, a desigualdade social, as tensões étnicas e a incapacidade de proteger o direito de propriedade são impedimentos reais para o desenvolvimento do capital social.

Por sua vez, a abordagem sinérgica reflete a tentativa de integrar os âmbitos institucional e o das redes. O Estado, as empresas e a sociedade não possuem, de modo isolado, os recursos necessários para promover um desenvolvimento sustentável, requerendo a complementaridade entre diferentes setores. Contudo, dentre os diferentes setores interligados, o Estado é o que oferece as melhores condições para facilitar alianças duradouras. Um exemplo pode ser encontrado em projetos de pesquisa agrícola desenvolvidos pela Empresa Brasileira de Pesquisa Agropecuária (Embrapa) em que técnicos que auxiliam nos projetos se encontram implicados, ou mesmo incrustados, em relações sociais locais, sendo também pressionados pela comunidade para que atuem em seu favor. No entanto, as relações entre o Estado e a sociedade nem sempre são tranquilas. Elas podem degenerar-se em conflitos, violência, guerra, anarquia, permitindo que máfias e grupos de narcotráfico assumam (temporariamente) o controle do Estado, que tem sua autoridade comprometida.

Com o objetivo de relacionar os principais autores aqui citados com os diferentes enfoques ligados ao conceito de capital social, foi formulada a Tabela 1.

Tabela 1. Autores e definições de capital social.

Autor	Enfoque
Robert Putnam	Destaca aspectos das organizações sociais que facilitam a coordenação das ações coletivas e a cooperação entre elas: redes, normas de confiança, bem comum, coesão social e participação. Perspectiva microssociológica (relações intergrupais).
James Coleman	Função ou efeito do capital social e ênfase em redes densas e fechadas. O capital social é definido por sua função, sendo composto de uma variedade de aspectos ligados à estrutura social e que facilitam certas ações dos indivíduos que fazem parte dessa estrutura (relações intragrupais).
Pierre Bourdieu	O conjunto de recursos reais ou potenciais disponíveis aos integrantes de uma rede durável de relações mais ou menos institucionalizadas. Agregação de recursos mobilizados por meio das redes sociais. ▶

Capital social e comunicação

Autor	Enfoque
Alexis de Tocqueville	A capacidade associativa e o aperfeiçoamento das instituições geram ampliação da vida democrática.
Ronald Burt	Ressalta a importância das redes abertas e cheias de "lacunas estruturais". O posicionamento estratégico de certos atores nas redes (amigos, colegas e conhecidos) os permite colocar pessoas em contato, sendo possível mediar a atuação dos participantes nas redes.
Francis Fukuyama	A habilidade das pessoas em trabalharem juntas com base em propósitos comuns em grupos e organizações. A existência de um conjunto de valores informais e normas compartilhadas que facilitam a cooperação.
Alejandro Portes	Destaca a habilidade dos atores de assegurar benefícios por meio de seu pertencimento a redes sociais ou outras estruturas cívicas. Ênfase nos efeitos negativos do capital social.
Margaret Levi	Busca mecanismos por meio dos quais o pertencimento a grupos possa conduzir a um maior nível de compromisso cívico, às políticas democráticas e à maior qualidade de ações do governo. Destaque para fontes e efeitos negativos do capital social.
Elinor Ostrom	Interações não são intrinsecamente benéficas, pois o capital social possui um lado obscuro.
Nan Lin	Distinções entre vínculos fortes e fracos. O capital social é propriedade do ator que o detém.
Mark Granovetter	Apesar de não abordar diretamente o conceito de capital social, o autor destaca a questão dos laços fortes e fracos nas redes sociais; atores que viabilizam pontes entre grupos e redes diferenciadas.
Michael Woolcock	Estudo das instituições, informações, normas de reciprocidade, relações, atitudes e valores que regem a interação entre as pessoas nas redes sociais, facilitando o desenvolvimento econômico e a democracia.

Outra característica do capital social é apontada por Granjon e Lelong (2006)[5]: o capital social pode designar um conjunto de sociabilidades ou configurações relacionais específicas. Seria, ao mesmo tempo, um recurso e um instrumento de poder, aplicável tanto ao indivíduo como a uma coletividade (família, vizinhança, grupo de afinidades, etnia, população de uma localidade, região, nação). O capital social seria o resultado de uma escolha racional ou o efeito natural da vida social, podendo ser de ordem pública ou privada.

Norris (1996), citando Putnam, afirma que o capital social pode ser entendido como o conjunto das densas redes de normas e de confiança social que capacitam os participantes para que cooperem na busca de objetivos compartilhados. Segundo a autora, Putnam argumenta que quanto mais nos conectamos com outras pessoas, em uma interação face a face por intermédio da comunidade, mais confiamos nelas.

Laços sociais e engajamento cívico

Alguns autores associam o capital social ao nível de "civismo" em comunidades como as representadas por vilas, cidades ou países. Segundo Fukuyama, o "capital social se define principalmente como uma cultura da confiança, produzida pela religião e, sobretudo, no ambiente familiar. As características variam segundo as diferentes tradições culturais: quanto menos o Estado intervém nas dinâmicas sociais maior será a capacidade de se adaptar ao mercado" (*apud* Bagnasco, 2006, p. 63).

A obra de Richard Sennett (1999) também permite estabelecer um paralelo entre a corrosão do caráter e o declínio do capital social. O autor examina a motivação dos indivíduos em relação aos comportamentos cooperativos e à compatibilidade com as novas formas de integração social. Essa questão foi igualmente examinada por Zygmunt Bauman (1998), Ulrich Beck (1999) e Antony Giddens (1999). Sennett utiliza o termo *caráter* para "designar sobretudo os traços permanentes de nossa experiência emocional que se exprime pela confiança e o engajamento recíproco, na tentativa de atingir os objetivos de longo prazo, ou ainda, para retardar a satisfação, visando a um objetivo futuro" (1999, p. 65).

Uma constatação muito interessante presente na obra de Sennett é a de que as causas prováveis da corrosão do caráter são as mesmas que afetam o capital social. Ele indaga: por que é preciso cooperar com as instituições? Por que devemos nos comportar de maneira correta com o outro? Por que devem-se articular os interesses pessoais e públicos? Então, afirma o seguinte: "um sistema político que não fornece aos seres humanos as razões profundas para que se interessem uns pelos outros não pode conservar sua legitimidade por longo tempo" (1999, p. 66).

Alguns conceitos de Sennett foram examinados por Bagnasco (2006, pp. 51-70), como, por exemplo, as consequências do novo tipo de trabalho, no contexto da globalização, sobre o caráter, a mobilidade profissional e os laços de dependência recíproca, laços esses que se enfraqueçem. Bagnasco indaga: se o capitalismo flexível necessita de uma personalidade igualmente flexível, dotada de elasticidade, capacidade de adaptação, de participação ativa num processo contínuo de inovação, isso contribuiria para o enriquecimento do caráter?

De fato, o que o capitalismo flexível pede é uma capacidade contínua de abandonar tudo que pertencer ao passado e se adaptar às contínuas transformações do ambiente de trabalho, incluindo demissões em massa e terceirização. Volta-se à questão: qual a relação do caráter e do capital social com essa nova realidade? Eis aí uma provocação para o aprofundamento do estudo aqui desenvolvido.

Bagnasco (2006, p. 62) salienta que a globalização não afeta somente as formas de organização do trabalho, mas também implica uma redescoberta da comunidade e dos laços culturais e de estima mútua que unem os indivíduos. Nesse sentido, não se trata de defender o renascimento das antigas comunidades que oprimiam o indivíduo, mas de encontrar novos dispositivos de integração social e sistêmica.

Desse modo, outra abordagem do tema do capital social refere-se aos laços sociais, uma vez que, por definição, o capital social pressupõe a existência de laços de dependência recíproca: laços intensos, personalizados, carregados de emoção; ou laços fracos, funcionais, ainda que duráveis, reconhecidos e respeitados.

Granovetter (1984) e Lin, Burt e Cook (2001) estabelecem uma diferenciação entre laços fracos e fortes. Os *laços fortes* caracterizam-se pela proximidade, intimidade e, sobretudo, pela intenção de construir e manter vínculos – como no caso das ligações familiares. Os *laços fracos* são ocasionais e, quer sejam formais quer informais, não se baseiam em intimidade. Degenne e Forsé (1994) acrescentam um outro tipo, denominado *laço multiplexo*, envolvendo as várias modalidades de relações sociais de um grupo que interage mais ou menos de modo contínuo no meio profissional e fora dele, em atividades de lazer ou de outra natureza.

Raquel Recuero estabelece uma discussão interessante sobre os vínculos entre laço social, relações sociais e interação social: um laço, que é uma conexão entre dois atores, é composto de relações sociais; estas, por sua vez, são compostas por interações sociais. Entretanto, segundo Recuero (2005), a interação social é uma ação que tem um reflexo comunicativo para o indivíduo e seus pares. A autora considera que a constituição do laço social pode não depender apenas da interação. No caso dos laços de associação, a interação seria de outra ordem, sendo necessário apenas um sentimento de pertencimento a determinado local, instituição ou grupo. Assim, para ela, os laços associativos são como conexões formais que independem de um ato de vontade do indivíduo, bem como de investimento social.

Segundo Putnam (2006), os indivíduos têm mais chance de mudar sua vida quando fazem parte de uma comunidade cívica fortemente engajada. Dessa forma, os laços sociais e o engajamento cívico teriam influência preponderante sobre a vida privada e pública. Esse é o tema principal do estudo que o autor desenvolveu sobre as tendências da América contemporânea e o nível de capital social.

As redes de interação alargariam enormemente a consciência dos membros, permitindo que eles desenvolvessem um "eu" e um "nós", ou, retomando os termos dos teóricos da escolha racional, pode-se dizer que a presença dessas redes reforçaria o gosto dos indivíduos pelos benefícios coletivos (Bevort e Lallement, 2006, pp. 37-8).

Na abordagem de Levi (2001), centrada na sociedade do conhecimento, o capital da inteligência coletiva constitui-se pela valorização dos capitais social, intelectual, cultural e técnico. O capital social seria determinado pela densidade e qualidade das redes relacionais e das associações. O capital intelectual refere-se ao valor da concepção original e da propriedade intelectual, aliado ao capital humano e às obras e concepções originais. Já o capital cultural estaria vinculado ao teor e à organização "enciclopédica" de uma cultura. Por fim, o capital técnico seria a soma do estado geral das técnicas, redes de transporte e de comunicação, mídia, computadores, *softwares*, suportes de memória e de percepção coletiva (Lemos, 2003, p. 4).

Alejandro Portes (2000) identifica o capital humano com o conhecimento e as habilidades adquiridos pelo indivíduo, e, num esforço de contraste, associa o capital social com a dimensão e a qualidade das relações sociais: "Para possuir capital social, um indivíduo precisa se relacionar com outros, e são estes – não o próprio – a verdadeira fonte dos seus benefícios" (p. 139). Na prática, o "volume" de capital social seria identificado com o nível de envolvimento associativo, ou seja, com os vínculos de pertencimento e atuação em redes de interação aliados ao comportamento participativo em uma comunidade civicamente engajada. De modo semelhante, Ponthieux (2006) afirma que o capital social é parte integrante da ação coletiva. Segundo a autora, estar socialmente inserido no grupo corresponde, para o indivíduo, à "busca de proveitos materiais e simbólicos e, entre os membros, corresponde à transformação das relações de vizinhança, trabalho e parentesco, implicando obrigações duráveis acompanhadas de sentimentos de reconhecimento, respeito e amizade, garantidas institucionalmente" (p. 46).

Bevort e Lallement (2006) propõem que os estudos contemporâneos acerca do capital social se concentram em três conjuntos temáticos[6]. O primeiro deles trata da confiança, entendida como atributo das interações sociais com base nas raízes históricas e religiosas. Comparando a trajetória de alguns países, Fukuyama (1996) encontra índices de alta confiança na Alemanha, Japão e nos Estados Unidos, se comparados aos índices de Taiwan, Hong Kong, Itália e França, onde, ao contrário, a desconfiança é claramente elevada[7]. Um segundo conjunto temático é estruturado em torno do conceito de redes sociais, abordadas, entre outros autores, por Granovetter (1983), Burt (1995), Degenne e Forsé (1994). E, finalmente, um terceiro conjunto baseia-se na reciprocidade, analisada por Fukuyama (1996) e Putnam *et al.* (1993). Putnam usa o conceito de cultura associativa para analisar as perdas desse atributo na Itália e, posteriormente, nos Estados Unidos. Em sua pesquisa sobre a Itália, Putnam cita um artigo de Coleman, retoma algumas de suas posições e assinala que "por analogia com a noção de capital físico e humano – ferramentas e instrumentos de desenvolvimento que melhoram a produtividade individual –, o capital social remete às características das organizações sociais, como as redes, as normas ou a confiança, que facilitam a coordenação e a cooperação levando à um benefício mútuo" (Putnam *et al.*,1993, p. 67).

Capital social segundo Robert Putnam

Embora cada autor tenha contribuído à sua maneira para enriquecer a base teórica e metodológica acerca do conceito de capital social, ele só se disseminou, tornando-se um marco para a pesquisa acadêmica, após a publicação dos trabalhos de Robert Putnam. A obra que o tornou conhecido, tendo seus estudos discutidos e criticados, foi o livro *Bowling alone: the collapse and revival of American community*, de 2000. Contudo, antes do surgimento desse livro, ele publicou alguns artigos que merecem ser aqui citados.

Para que se possa compreender o ponto de partida da argumentação desenvolvida por Putnam é preciso assinalar que sua trajetória começou com a publicação de "The prosperous community: social capital and public life", em 1993, como resultado de um estudo comparativo feito entre províncias do norte e do sul da Itália. O objetivo era compreender os fatores que determinariam e explicariam o sucesso ou o fracasso das províncias, umas em relação às outras.

> As províncias onde instituições e iniciativas democráticas funcionaram, em suma, foram aquelas "comunidades cívicas" do norte da Itália, que valorizam solidariedade, participação cívica e integridade. De outro lado, documentou-se o fracasso de comunidades "incivis" do extremo sul italiano, dotadas de parca vida pública associativa e onde se acredita que os assuntos públicos são problemas dos outros. (Gomes, 2008, p. 228)

Tomadas individualmente, as províncias bem classificadas quanto ao nível de capital social apresentam menos consequências associais, um aspecto que independe de critérios como raça, renda e nível de instrução. Assim, a razão do sucesso de algumas províncias foi explicada, segundo Putnam, pela presença do capital social: tratava-se de comunidades com níveis consideráveis de engajamento cívico, confiança generalizada, respeito às normas de reciprocidade, configurando um sentido de responsabilidade pelos assuntos públicos.

Ainda no artigo "The prosperous community", Putnam afirma que a questão da revitalização da democracia americana estaria não só relacionada com as campanhas eleitorais (e seu financiamento) e os limites impostos ao número de mandatos, mas também com mudanças sociais mais profundas que, em grande medida, não são devidamente consideradas. Para ele,

> o enfoque do capital social, centrado nos efeitos indiretos das normas cívicas e das redes, é um corretivo necessário diante de uma ênfase excessiva nas instituições formais do governo como explicação a nosso descontentamento coletivo. Se quisermos tornar nosso sistema político mais responsável perante os cidadãos, especialmente entre aqueles que carecem de conexões com o poder, devemos alimentar as organizações de base. (2001a, p. 100)

De acordo com esse ponto de vista, o capital social pode ser descrito como o conjunto dos ganhos que, produzidos na interação social, podem ser desfrutados por indivíduos e grupos. Assim sendo, o capital social não é uma propriedade privada, e "quanto mais se usa o capital social, mais forte ele se torna. Quando não é ativado, o capital social atrofia" (Gomes, 2008, p. 224). Putnam não trata propriamente do engajamento cívico, mas do seu declínio e, como consequência, da erosão do capital social na democracia e na política norte-americanas (*ibidem*, p. 231).

Em "Bowling alone: America's declining social capital", artigo publicado em 1995, Putnam aborda o declínio da vida associativa nos Estados Unidos e correlaciona esse fato a uma queda da participação política em razão de uma série de indicadores.[8] As razões da diminuição do capital social foram associadas por Putnam ao resultado da comparação entre a geração dos anos 1930, com seu envolvimento cívico e participação política, e a do pós-guerra. O autor afirma, ainda, que a geração de indivíduos gregários está desaparecendo, e estaria sendo substituída pela geração de *baby boomers*, que não têm o mesmo instinto. De maneira geral, ele dá ênfase aos efeitos que as normas, os valores cívicos e as redes sociais de cooperação exercem sobre a vida pública, observando um declínio nos níveis de capital social. Algumas possíveis explicações para esse fenômeno de perda seriam, para Putnam: a superpopulação urbana, o abandono do centro da cidade pela classe média e seu deslocamento em direção aos bairros mais afastados, a mobilidade física do local de trabalho – podendo coincidir com o de moradia, mudanças demográficas com repercussões na família americana –, a liberação profissional progressiva das mulheres, as novas formas de os grupos se associarem – por exemplo, para que progridam em sua carreira e não necessariamente com o intuito de buscar soluções para os problemas da comunidade (Skocpol, 1996) –, a migração dos contatos da esfera real para a esfera midiática e, mais tarde, virtual. Ele busca, em suma, dimensionar a qualidade e a intensidade do engajamento cívico e sua respectiva relação com o estoque de capital social. No entanto, é importante entender as razões do declínio do engajamento cívico e a erosão do capital social na política e na vida social americana.

Ainda em 1995, Putnam publica o artigo "Tuning in, tuning out: the strange disappearance of social capital in America", que traz a televisão como principal responsável pela diminuição dos índices de capital social nos Estados Unidos. Mas é preciso esclarecer que Putnam relaciona essa diminuição especificamente ao consumo de entretenimento televisivo. Uma segunda versão desse artigo dá origem a uma resenha publicada no periódico *The American Prospect*, em dezembro de 1995: "The strange disappearance of civic America". Tal resenha, apesar de não acrescentar novas teses ao artigo anterior, provocou uma grande reação no período que precedeu à eleição presidencial americana de 1996. Putnam foi recebido por Bill Clinton, conseguiu um considerável subsídio para suas pesquisas, criou uma equipe virtual de especialistas em engajamento comunitário, dirigiu um programa de pesquisas do Banco Mundial sobre capital social e, cerca de quatro anos mais tarde, publicou em livro uma versão ampliada de seu estudo.

Esses textos que indicavam a televisão como causa maior do declínio do capital social foram muito criticados. Assim, em 1999, Putnam apresenta, com mais dois autores, David Campbell e Steven Yonish, o artigo "Tuning in, tuning out revisited: a closer look at the causal links between television and social capital", no encontro anual da American Political Science Association (APSA). Como veremos mais adiante, as teses de Putnam foram contestadas, sobretudo por Schudson (1996), Norris (1996), Uslaner (2004) e Skocpol (1996), que alegavam haver, nessas teses, tanto equívocos históricos como a apresentação de características geracionais e conclusões sobre a influência da cultura de massa no comportamento social sem uma fundamentação consistente. Para Uslaner (2004), a televisão não poderia ser vista como única causa do declínio do engajamento cívico e da confiança nos outros. Ele acrescentou, ainda, que nem a TV, nem a internet destroem ou criam capital social, uma vez que ele é concebido como um bem coletivo que existe para usufruto comum ou individual, sendo construído na relação com os outros.

De modo genérico, Putnam acredita que muitas sociedades pós-industriais têm enfrentado um declínio geral da filiação massiva a instituições vinculativas tradicionais, e também um aumento simultâneo de formas de conexão social mais informais, fluidas e pessoais, que possuem orientação mais individualista.

Em relação à televisão, Putnam (2002b, p. 295), ao comparar a geração dos anos 1930 com a dos anos 1960, diz que não somente a leitura de jornais estaria diminuindo, mas o interesse pelas notícias em si. O número de pessoas que tomam conhecimento da notícia pela TV ou que buscam a informação na mídia impressa estaria em declínio. E, além disso, lembra que, à medida que se multiplica o número de televisores em um domicílio, torna-se mais raro o hábito de assistir à TV conjuntamente.

Putnam também defende a hipótese de que a televisão destruiu o capital social de maneira ainda mais óbvia, substituindo as atividades sociais e de lazer fora de casa. Mas também sugere que ela pode ter sido responsável por uma visão mais cínica de mundo entre os telespectadores.

Ver mais TV significaria reduzir qualquer forma de participação cívica e de implicação social: "cada hora adicional de TV significa uma redução de 10% aproximadamente na maioria das formas de ativismo cívico: menos reuniões públicas, menos membros para comitês locais, menos cartas enviadas ao congresso etc." (Putnam, 2002b, p. 306). O consumo de TV na América também teria reduzido, de 10% a 15%, algumas atividades individuais, como comunicações escritas, orais e eletrônicas.

Embora reconheça a necessidade de que se considerem outras variáveis (idade, pobreza, escolaridade) e afirme que "a correlação não demonstra a existência de causa", para Putnam nada "está associado de forma tão ampla com o abandono do compromisso cívico e com a desvinculação social como a dependência da TV para o entretenimento" (p. 310).

Por outro lado, as pesquisas constataram que ver TV cultivaria a insegurança e levaria ao sentimento de desconfiança, sendo a televisão acusada de reforçar atitudes cínicas em relação à política e à sociedade devido aos gêneros e conteúdos presentes em sua programação (Hooghe, 2002).

Segundo a análise de Putnam, tudo levaria a crer que a evolução tecnológica tenha provocado uma crescente privatização e/ou individualização do tempo de lazer, o que poderia ter constituído um entrave para a formação do capital social. Essa situação aplica-se à TV, à internet e aos jogos eletrônicos, assim como ao cinema, ao DVD e ao telefone celular – e a outras tecnologias convergentes: MP3, GPS etc. O que é questionado é se a tecnologia estaria criando um fosso entre os nossos desejos e as nossas necessidades individuais e coletivas.

É interessante mencionar que Bevort e Lallement (2006) consideram a publicação do livro *Making democracy work*, de Putnam, juntamente com Robert Leonardi e Raffaella Nanetti, em 1993, como o ponto decisivo para o desenvolvimento de inúmeros estudos correlacionando o índice de capital social com os níveis educacionais, nutricionais, de saúde e de desenvolvimento econômico e social. Recentemente, esses autores fizeram um levantamento sobre o tema do capital social consultando a base de dados Science Direct, especificamente o conteúdo sob a rubrica "ciências sociais", no período entre 1990 e 2004. O resultado da pesquisa foi resumido no Quadro 1.

Foi feita a busca de títulos, resumos e palavras-chave que abrangessem o termo "capital social", sendo identificados 357 artigos publicados sobre o tema, divididos em três áreas principais: saúde, desenvolvimento econômico e socioeconomia. Buscou-se correlacionar o capital social com os níveis educacionais, nutricionais e de emprego. Como o levantamento feito por Bevort e Lallement não incluiu periódicos especializados em comunicação, afirmar quantas vezes (ou de que modo) as estratégias comunicativas foram mencionadas nos artigos selecionados pode levar a conclusões enganosas.

Quadro 1. O capital social em revistas.

Revista	Número de artigos sobre capital social
Social Science & Medicine	60
World Development	37
Journal of Socio-Economics	27
Research in the Sociology of Organisation	10
Social Science Research	10
Agricultural System	9
Health & Place	9
Journal of Economic Behavior & Organisation	9
Ecological Economics	7
Social Network	7
Technovation	7

Fonte: Science Direct.

Boliche solitário

Os laços sociais e o engajamento cívico têm influência preponderante sobre nossa vida pública e sobre as perspectivas de nossa vida pessoal. E é com isso em mente que Putnam faz um estudo sobre as tendências da América contemporânea em matéria de capital social.

No artigo "Social capital: measurement and consequences", de 2001, Putnam enumera as tendências de redução dos índices de capital social que, em princípio, pode ser observada na maior parte das sociedades contemporâneas. Ele mostra que, a partir do início dos anos 1960, a taxa de participação eleitoral nos Estados Unidos baixou um quarto, incluindo o voto nacional e regional. Nos dois decênios posteriores a 1973, os americanos deixaram de assistir a reuniões públicas tendo como tema a escola e a gestão da comunidade ou da cidade onde vivem (de 22%, o índice baixou para 13%). No campo cívico, as associações de pais e mestres foram um forte fator de engajamento cívico na América durante o século XX. Enquanto em 1964 doze milhões de americanos faziam parte desse tipo de associação, apenas cinco milhões permaneceram em 1982.

Se, de um lado, a participação nas questões que envolvem o interesse público diminui, de outro lado, o nível da educação média aumentou substancialmente nesse mesmo período. Mas quando a questão diz respeito ao nível de confiança no governo de Washington, o número de americanos que respondem que "de vez em quando" ou "quase nunca" confiam no governo passou de 30%, em 1996, para 75%, em 1992.

A participação em diversas associações e clubes, como a Federation of Women's Clubs, baixou 59% depois de 1964, enquanto a Sociedade de Mulheres Eleitoras recuou 42% depois de 1969. A participação na Cruz Vermelha, por exemplo, diminuiu 61% depois de 1970; as associações benévolas regulares recuaram um sexto nos últimos quinze anos, passando de 24%, em 1974, a 20%, em 1989.

Os anos 1960 foram marcados por uma baixa significativa da prática religiosa – medida pela assiduidade semanal a um templo qualquer. Ela passou de 48%, no fim dos anos 1950, a 41%, no início dos anos 1960. Com relação ao universo do trabalho, as coisas não se deram de forma diferente: o pertencimento a um sindicato, que foi durante muito tempo o lugar privilegiado de reunião dos trabalhadores, não parou de declinar nos últimos quatro decênios, com uma aceleração da queda entre 1975 e 1985.

Em 1983, mais de oitenta milhões de americanos se encontravam pelo menos uma vez por mês para jogar boliche. Esse número é quase equivalente ao de pessoas que votaram nas eleições legislativas de 1994, ou ao de pessoas que afirmam que vão à igreja. Entre 1980 e 1993, o número de pessoas que praticam o boliche regularmente aumentou 10%, enquanto o número de membros de clubes de boliche caiu 40%. O jogo solitário impossibilita trocar ideias e conversar.

Ademais, Putnam ressalta a importância do desempenho escolar, da saúde, do humor, do consumo de TV por parte das crianças. Quanto ao último caso, afirma que, nos Estados Unidos, crianças que veem menos TV têm um nível mais elevado de capital social – o que tem sido contestado por outros autores.

Ao avaliar os resultados encontrados sobre o declínio do capital social nos Estados Unidos, Putnam reconhece os limites da variável "capital social", indicando que não a considera suficientemente forte para explicar todas as mudanças apontadas no estudo (Uslaner, 2004).

O aspecto mais relevante desse reconhecimento dos limites é a possibilidade que se abre para, de um lado, criticar o uso talvez superestimado da variável, e, de outro, buscar entender, então, os verdadeiros responsáveis pelas tendências observadas.

Vejamos.

As formas tradicionais de engajamento cívico indicadas como declinantes pela pesquisa de Putnam podem ter sido substituídas por outras associações: ecológicas, relativas ao sexo, de aposentados – três elementos que caracterizam movimentos perceptivelmente crescentes devido à preocupação com o planeta, à valorização feminina e à tolerância sexual, ao envelhecimento e à longevidade das populações.

No Brasil, movimentos sociais como o dos sem-terra e o dos sem-teto, juntamente com outros grupos mais ou menos permanentes, como aqueles ligados ao Fórum Social, podem ter substituído as organizações mencionadas por Putnam. Ele considera que essas novas organizações têm um papel político relevante, e afirma que "o conceito de capital social pressupõe que fazer parte de uma associação encoraja, entre outras coisas, a confiança nos outros" (Putnam *et al.*, 1993, p. 43). Mas, quanto à sua capacidade de favorecer a inserção numa rede social ativa, as associações atuais diferem completamente das clássicas.

Por exemplo, muitas associações do terceiro setor não demandam efetivamente a presença do membro associado para avaliar ou discutir questões relevantes. Basta-lhes que o associado envie um cheque de contribuição mensal, sentindo-se, assim, inserido.

As pessoas usam os mesmos símbolos, marcas, logotipos, mas não necessariamente têm os mesmos interesses, e quase sempre não têm consciência da existência do outro. Faltam laços entre elas.

Outra tendência adversa pode ser crucial para as associações sem fins lucrativos. Trata-se da pulverização pela exacerbação, o que ocorre quando todas as causas são possíveis e tudo é importante:

defesa do meio ambiente, incentivo à cultura, auxílio a pais de portadores de doenças raras e vítimas de abusos sexuais. Tentar fazer as tendências de determinadas associações coincidir em meio a essa babel pode induzir a grave erro.

Por fim, Putnam chama a atenção para a proliferação de grupos com baixa capacidade vinculativa. Por exemplo, grupos de ajuda mútua – como alcoólicos anônimos –, em que "o contrato social que liga os membros é reduzido ao mínimo. Venha somente se tiver tempo. Não fale se não tiver vontade. Respeite a opinião de cada um. Não critique jamais. Deixe a reunião discretamente se algo o contrariar" (Putnam *et al.*, 1993, p. 43).

Críticas feitas à noção de capital social e a Putnam

Como mencionamos na seção anterior, uma das principais hipóteses defendidas por Putnam é a de que a televisão teria um impacto negativo sobre o capital social, já que as pessoas passariam a dedicar suas horas de lazer ao usufruto privado das mensagens televisivas, em vez de investirem na manutenção dos vínculos de sociabilidade originados das relações intersubjetivas face a face. A virtude cívica associada ao capital social seria sustentada por relações de cooperação entre os cidadãos (em associações de bairro, organizações cívicas e nas mais diversas redes) e entre os cidadãos e seus governantes.[9]

O reverso da moeda seria o "vício cívico", representado por cidadãos desconectados, que não se reúnem, não sociabilizam, não confiam nos outros, não discutem nem votam, não respeitam a lei e valorizam mais a esfera particular do que o interesse público. Para Putnam, os principais vilões dessa corrosão do caráter cidadão (do declínio do capital social) seriam a TV e a internet (Uslaner, 2000).

Muitos autores, guiados pelas afirmações de Putnam, passaram a realizar estudos voltados para a identificação dos malefícios para as ações políticas e de engajamento cívico causados pela televisão. Gerbner *et al.* (1980, p. 16, *apud* Hooghe, 2002), por exemplo, argumentam que, pelo fato de os telespectadores estarem mergulhados em informações e imagens de violência e crime, eles se sentiriam mais ameaçados em sua vida cotidiana e, consequentemente, esse sentimento poderia acabar com seu desejo de participar em ações coletivas – incluindo ações políticas. Poderia estar em jogo um mecanismo de isolamento: muito tempo gasto com a TV alienaria o sujeito da vida social, e esse descompasso quanto à observação real seria compensado por especulações sobre a vida na comunidade. A relação oposta também se sustentaria: porque as pessoas estão com medo da criminalidade na vizinhança, elas preferem ficar em casa vendo TV. Assim, Hooghe (2002, p. 19) conclui que, ao "oferecer divertimento leve e fórmulas simples, as estações comerciais contribuem para o cultivo de uma cultura do cinismo político, da insegurança e do isolamento"[10].

Para esses autores, de modo particular, os valores jornalísticos tenderiam a assumir um viés antipolítico e cético com relação às principais instituições da sociedade. A imprensa supervalorizaria a mudança, em lugar da continuidade, tecendo críticas inesgotáveis àqueles posicionados na administração política e dando maior destaque a questões de caráter pessoal em detrimento do debate político.

Os partidos seriam vistos, em geral, sob uma luz extremamente negativa. Isso produziria no público uma visão excessivamente cínica, mal informada e negativa dos políticos, o que levaria a um distanciamento entre candidatos e eleitores e aumentaria a desconfiança com relação ao processo eleitoral.

Contudo, outros estudos contestaram Putnam, relativizando a influência da TV e da internet, não só quanto à capacidade de criação de vínculos sociais nas interações mediadas por computador, mas também quanto à sua perpetuação fora da mídia de massa e dos meios virtuais (Uslaner, 2000; Wellman e Hogan, 2006; Gomes, 2006; Matos, 2007b). Norris (1996), por exemplo, demonstra que cidadãos confiantes não são aqueles que supostamente mais votam, que se engajam em atividades de campanha ou que estão interessados em política. Teoricamente, esses fatores podem não estar relacionados. Assim, nesse caso, a mídia poderia produzir um público mais cético sem acarretar consequências significantes para o ativismo político.

Norris (2000) considera que a notícia televisiva está fortemente associada ao engajamento político. Tanto ela quanto Hooghe (2002) afirmam que não há evidências de uma relação negativa entre a ação de usar a mídia para buscar informações políticas e o interesse político; ao contrário, a relação tende a ser positiva. Nas palavras de Hooghe, a "pesquisa demonstra que aqueles que assistem a noticiários de TV são mais bem informados sobre política e que então serão mais inclinados a participar da vida social e pública" (2002, p. 15)[11]. Entretanto, essa positividade não implica que a TV necessariamente leve a um forte engajamento cívico ou a um maior conhecimento sobre temas políticos.

Também é preciso salientar que a participação cívica e a sociabilidade nem sempre trazem somente resultados positivos às relações intersubjetivas. O capital social pode ter, assim, um lado obscuro (ver Capítulo 5). Alguns autores estudaram os grupos de narcotráfico na América Latina, as famílias da máfia, os círculos de jogo e de prostituição e as gangues juvenis para ilustrar como o encastelamento em certas estruturas relacionais pode acarretar resultados socialmente indesejáveis (ver, por exemplo, Portes, 2000, pp. 146-9).

Uslaner (2000) considera que o círculo virtuoso entre o engajamento cívico, a confiança e a socialização é uma questão mal explicada por Putnam. Ele afirma que não faria sentido confiar gratuita e facilmente em estranhos. A confiança seria, ao contrário, um resultado do compartilhamento progressivo e de valores incorporados.

Por sua vez, Skocpol (1996) entende que Putnam aplica uma mesma ferramenta (o capital social) como artifício para entender todos os problemas (cívicos, políticos, comunicacionais). Segundo a autora, Putnam atribui a responsabilidade pelo declínio do capital social exclusivamente aos comportamentos de lazer das massas e não às alterações econômicas e políticas produzidas pelas ações empresariais e políticas. Ela diz, inclusive, não usar o termo *capital social* por discordar da teoria que considera "que as associações, ao nível local, engendram a confiança como mecanismo que permite o funcionamento da democracia e do governo" (*apud* Van Rooy, 2001, p. 152).

Do ponto de vista histórico, Skocpol vê a tese de Putnam como superficial e ingênua, por conter erros relativos ao desenvolvimento do voluntariado na América. Alega que Putnam não leva em conta as forças sociais e políticas e ignora a dinâmica das classes sociais e organizacionais segundo a qual as associações comunitárias se formam, sobrevivem ou desaparecem. Para ela, não é profícuo afirmar que o declínio da vida associativa americana se deve unicamente ao entretenimento. Isso implicaria aceitar que, atualmente, os cidadãos desertam das associações porque ficam em casa vendo TV. O problema seria de ordem institucional: faltaria liderança adequada para defender as organizações, modeladas pela política.

Fischer (2001, pp. 17-22) vê dois problemas nas interpretações de Putnam. Primeiro, o decréscimo do capital social não seria constante ao longo do período investigado. Ainda que a maioria dos indicadores de envolvimento político mostrasse um declínio constante, os indicadores de socialização e de visitas (aos amigos, parentes e vizinhos) seriam inconsistentes. Assim, a validade e a confiabilidade da tese de Putnam seriam questionáveis. O segundo problema estaria relacionado a como interpretar o *quantum* de decréscimo observado. O mesmo decréscimo que Putnam vê como substancial é compreendido por Fischer como negligenciável e de curto prazo.

Van Rooy (2001) e Schudson (1996) sugerem que o trabalho de Putnam teria desconsiderado algumas evidências-chave em sua análise do declínio cívico. Para Van Rooy, Putnam se enganou a respeito das causas do desengajamento cívico: a Segunda Guerra Mundial é apontada por Putnam como ponto inicial do declínio, mas a geração observada já tinha começado a mudar antes dessa época. Também não se explica por que a guerra teria afetado os americanos de modo diferente ao das pessoas de outras nacionalidades. E ainda, Putnam teria desprezado os efeitos da guerra do Vietnã sobre a vida comunitária, marcada por inúmeros movimentos de protesto contra o conflito. Assim, uma das razões do declínio só se manifestaria mais tarde, depois de 1958, com a massificação da televisão.[12] De acordo com Van Rooy, Putnam também não explica por que os americanos passaram a preferir ver TV a frequentar as reuniões de associações como o Rotary Club. Enfim, Van Rooy lembra que, mesmo que as associações denotem um grau de engajamento político, elas não parecem criar um capital social capaz de gerar e sustentar a confiança, a segurança, o emprego e um melhor nível de saúde para os cidadãos.

Por sua vez, Schudson afirma que Putnam não esclarece quais aspectos da televisão seriam os principais responsáveis pelo desengajamento: seria o noticiário "mais sério" ou o entretenimento? Para ele, é justamente a mídia que torna possível termos acesso a fatos que revelam as ações e condutas dos políticos, tornando-nos mais ou menos confiantes no governo. Por isso, sustenta a hipótese de que as conclusões de Putnam devem ter sido resultado de uma avaliação superficial de vários tipos de atividade cívica.

> Se nós pudéssemos medir a participação cívica, o declínio seria menos impactante e o mosaico menos chocante. Se nós olhássemos mais cuidadosamente para a história da participação cívica e para as diferenças entre gerações, deveríamos abandonar a retórica do declínio. E se nós examinássemos a história recente da televisão mais de perto, não poderíamos culpar a TV pelo "desligamento" do envolvimento cívico. (Schudson, 1996, p. 19)

De acordo com Schudson, Putnam ignorou o crescimento e a dinâmica das igrejas fundamentalistas (evangélicas, cientificistas e outras), diferenciando-as da participação em ritos cristãos. Mas, para Schudson, as igrejas parecem estar constantemente se reinventando, criando vários grupos de atividades para engajar novos membros – desde simples clubes de treinamento profissional até serviços sociais e/ou educacionais para crianças da pré-escola. Segundo ele, uma pessoa que menciona estar vinculada a um único grupo associativo, uma igreja ou sinagoga, por exemplo, pode estar mais envolvida cooperativamente com os outros do que aqueles que dizem pertencer a duas ou mais associações.

Assim, o que Putnam chama de "filiação por correspondência", Schudson (1996) considera como utilização satisfatória da energia comunitária, sem minimizar a importância de associações de ajuda mútua ou que visam à reunião de profissionais. Esse autor argumenta, ainda, que Putnam ignora o crescimento da *mailing list* de organizações sediadas em Washington, sendo que elas podem ser vistas como eficientes quanto à mobilização de forças em busca da aprovação de políticas públicas. Nesse sentido, Schudson está certo ao afirmar que o declínio do civismo em suas formas convencionais não pode ser sinônimo de declínio da mentalidade cívica.

No entanto, mesmo que, para Putnam, o tempo passado diante da TV diminua ou impeça as atividades cívicas e a participação política, a evidência empírica sobre a TV não seria assim tão clara.

Um estudo realizado em uma comunidade holandesa (Hooghe, 2002) mostra que a TV pode ter um efeito positivo, já que está associada positivamente (e não negativamente, como aponta Putnam) com o interesse em temas políticos. Assim, expor-se a informações políticas na TV poderia aumentar (e não diminuir) o conhecimento sobre assuntos políticos e o engajamento cívico.

Por outro lado, nesses casos seria essencial considerar o tipo de programa e a natureza do canal: programas de entretenimento teriam efeitos negativos, enquanto noticiários gerariam um resultado positivo; um canal público poderia estimular as atitudes cívicas, enquanto os canais comerciais levariam à audiência valores menos cívicos. Wilson Gomes (2008) argumenta que não há como provar que uma conversa informal ou discussão formal em ambientes institucionais sobre assuntos políticos sejam essenciais para que um cidadão possa elaborar uma opinião ou tomar uma decisão política. Tampouco existem meios para determinar se a opinião formada após conversações e debates é mais qualificada que aquela resultante da reflexão que os cidadãos fazem ao lerem jornais ou assistirem ao noticiário televisivo. Assim, a construção de formas de participação cívica e política deve ser observada segundo múltiplos aspectos, considerando não só as formas de ação resultantes do engajamento em redes mas também as ações individuais compromissadas com o bem público e as questões de interesse coletivo.

Por fim, é necessário enfatizar que a relação entre o engajamento cívico e o consumo televisivo é mais complexa do que se pode imaginar. Enquanto a quantidade de televisores parece corroborar a tese de Putnam, outras evidências concernentes ao que os telespectadores americanos assistem sugerem que noticiários, e particularmente programas dedicados a explorar questões atuais, não parecem ser danosos à saúde democrática da sociedade, podendo mesmo provar-se benéficos. Em suma, a acusação de que a televisão é a causadora da falta de confiança da diminuição da participação e crença na democracia americana parece, segundo essa perspectiva, carecer de provas (na versão fraca), e pode até ser considerada totalmente implausível (no caso da reivindicação forte). Desse modo, a participação não pode ser reduzida ao voto ou à pressão direta dos cidadãos sobre os governantes. Como mostrarei no Capítulo 2, quando os indivíduos frequentam diversas associações (não necessariamente de caráter político) eles podem ganhar capacidades cívicas e expressivas essenciais à sua formação cidadã e ao reconhecimento do valor de suas contribuições a processos de debates políticos.

2. Conversação, engajamento cívico e capital social

O conceito de capital social está intimamente relacionado com as interações nas redes sociais por meio de práticas comunicativas nas relações face a face e naquelas caracterizadas pela presença dos meios de comunicação massivos ou das tecnologias de informação e comunicação. Esse conjunto de trocas sociais guiadas pelas normas de confiança e reciprocidade pode contribuir para o desenvolvimento do capital social, como componente que integra os elementos ativos do capital humano e físico. E ainda, como resultado dessas relações comunicativas, é possível que sejam engendradas ações de engajamento cívico.

Estudos nas áreas de ciências políticas e comunicação social têm demonstrado grande interesse pelo papel que as interações comunicativas cotidianas desempenham no desenvolvimento de capacidades e habilidades relacionadas com a participação política e com a construção da cidadania (Mansbridge, 1999; Kim e Kim, 2008; Conover e Searing, 2005; Maia, Marques e Mendonça, 2008). Nesses estudos, privilegia-se um entendimento da conversação como uma das muitas formas de interação que compõem nossas trocas comunicativas cotidianas. A importância conferida à conversação deve-se à potencialidade que diferentes autores nela identificam de contribuir para "o conhecimento político, a complexidade cognitiva, a identidade, a eficácia política e o engajamento associativo" (Rojas, 2008, p. 454). A especificidade da conversação estaria, assim, na pretensa capacidade que ela possui de abrir caminho para a emergência de opiniões conflitantes (anteriormente latentes) e na capacidade dos interlocutores para partir de temas fluidos e dispersos e avançar rumo a um diálogo mais focado em assuntos ou problemas de interesse coletivo, voltando suas interações para o entendimento.

Este capítulo busca, segundo o enfoque da comunicação política, explicar de que maneira a conversação pode contribuir para o engajamento cívico e para o desenvolvimento do capital social. Uma vez orientada para a busca da intercompreensão e do entendimento cooperativo acerca de um problema de interesse geral, a conversação pode politizar-se e, assim, proporcionar efeitos democráticos ligados à formação do cidadão. Busca-se também analisar alguns conceitos de opinião pública presentes nas obras de Speier (1972), Tarde (1992), Lasch (1995), Lippmann (1969) e Dewey (2004), procurando articular as relações entre a formação da opinião pública e as conversações diretas e mediadas nas formas de engajamento cívico, fator determinante para o estabelecimento do capital social na sociedade contemporânea.

A opinião pública como resultado do debate e da argumentação

É amplamente aceito o fato de que a formação da opinião pública depende da troca de ideias, do debate e da conversação com foco em temas de interesse coletivo. Contudo, na Europa do século XIX, a opinião pública ainda era sinônimo de opiniões expressas pelos representantes políticos, pelos jornais e pelos membros ou organizações da classe média. Na Inglaterra, a fé nos efeitos salutares da discussão e a capacidade de persuasão da opinião liberal sobre a direção dos assuntos nacionais cresceram, principalmente, sob a influência de Bentham (1984). Como na Inglaterra os proprietários de terras e os grandes comerciantes compunham a maioria parlamentar nas duas Câmaras existentes e também representavam o que se denominava de "opinião pública", a discussão pública cedia lugar à imposição de uma opinião arquitetada nos bastidores, longe do debate e de uma eventual exigência do povo referente a uma prestação de contas por parte dos governantes.[13] É importante mencionar que na Alemanha, na Itália e na França a "opinião pública" era também construída por um tipo de público o qual era da mesma classe social. Esse tipo de constatação nos remete ao fato de que as disparidades representativas nas instâncias formais de decisão, o descredenciamento das conversações como fontes de perspectivas capazes de alimentar a formação da opinião e a ausência de estímulos ao debate deram origem a um entendimento de opinião pública como opinião preexistente, construída pelos que detinham maior poder e conhecimento.[14]

Capital social e comunicação

De acordo com essa óptica, Speier (1972), ao analisar a opinião pública pela perspectiva histórica e política, restringe a participação dos cidadãos em sua formação, considerando-a, em primeiro lugar, como resultado da comunicação entre os cidadãos e seu governo, e, secundariamente, como comunicação entre cidadãos. De certo modo, sua visão privilegia a participação política voltada para a influência direta no governo, desconsiderando uma forma de participação cívica direcionada para a comunicação entre cidadãos desejosos de conhecer seus direitos, de entender questões públicas e de encontrar soluções alternativas para seus problemas mais urgentes. A comunicação pública dos cidadãos com o governo é tomada como tentativa de influir nas decisões administrativas e nas políticas públicas. Para esse autor, as opiniões resultantes da comunicação entre governados e governantes referem-se a "assuntos de interesse da nação, livre e publicamente expressas por homens que não participam do governo e reivindicam para suas opiniões o direito de influenciarem ou determinarem as ações, o pessoal ou a estrutura de governo" (p. 19).

Mas essa concepção de opinião pública como algo oriundo da argumentação exclusiva entre certas parcelas da população e o governo começa a sofrer sensíveis modificações ao longo dos séculos XVIII e XIX com o crescimento da alfabetização e da urbanização, fatores aliados ao surgimento da imprensa de massa e da indústria cultural. É interessante lembrar que o primeiro impulso no sentido de incrementar a alfabetização foi proporcionado pela Reforma, criando extenso público leitor, que buscava a edificação, sem a mediação de padres, na literatura religiosa escrita em língua vernácula.

A expansão do público leitor foi acompanhada pelo desenvolvimento de instituições sociais correlatas, como sociedades e clubes de leitura, bibliotecas circulantes e sebos.[15] Nesses espaços, burgueses e homens letrados se reuniam para trocar impressões e estabelecer conversações a respeito das principais notícias e acontecimentos da atualidade. É o princípio da constituição de uma esfera pública burguesa (Habermas, 1984).

A evolução da imprensa, a conversação nos cafés e a formação de uma esfera pública

Em países europeus como a Alemanha, a Inglaterra e a França, se desenvolveram instituições sociais que contribuíram fortemente para a formação da opinião pública. Nos séculos XVII e XVIII, os cafés, salões e clubes de leitura existentes sobretudo nesses países despontaram como contextos particulares de encontro e troca de ideias. Para Habermas, esses ambientes nos quais "pessoas privadas se reúnem em público" permitiram a consolidação de uma opinião pública baseada nas conversações e "nas formas de reunião e de organização de um público leitor, composto de pessoas privadas burguesas, que se aglutinavam em torno de jornais e periódicos" (1997, p. 98). Assim, os cafés popularizaram-se como centros de reunião e disseminação de notícias, debates políticos e crítica literária.[16]

Tais mudanças institucionais na sociedade europeia tornaram a opinião pública um fator proeminente na política. Um público fechado e restrito se transformou, aos poucos, num público aberto, aumentando seu tamanho e sua esfera social à medida que o analfabetismo recuava. Esse movimento, ao longo do século XIX, estendeu-se às classes inferiores de modo muito lento, e, somente com o acesso crescente aos bens culturais e às informações, a imprensa se disseminou entre o público leitor composto por indivíduos menos favorecidos. Com a criação dessa esfera pública, esses indivíduos puderam se reunir e conversar baseando-se no conhecimento das informações midiáticas.

O crescimento da indústria cultural e a produção em série das notícias fizeram as informações se difundir entre a população letrada. Ao fluxo contínuo e acelerado de divulgação dos acontecimentos pela mídia impressa somou-se a discussão nos locais de reunião do público burguês. Habermas (1997) destaca, então, o início de uma esfera pública composta pelo entrecruzamento de fluxos comunicativos do cotidiano privado e de trocas mais focalizadas e públicas. Estas últimas visam contribuir para a definição e interpretação coletiva de determinado problema ou questão de interesse geral. Para esse autor, é importante enfatizar que a esfera pública burguesa não se manteve isolada da esfera privada, ou seja, das densas redes de interação familiar e com o círculo de amigos, além dos contatos mais superficiais com vizinhos, colegas de trabalho, conhecidos. Nesse sentido, os limites entre esfera privada e esfera pública não são dados pelos temas em discussão ou pelas relações previamente estabelecidas entre seus participantes. O que conta são as condições de comunicação, que asseguram, ao mesmo tempo, a preservação da privacidade e a imposição das normas de publicidade. As conversações nos cafés certamente mesclavam questões particulares a questões de interesse público, criando interseções entre interesses pessoais e aqueles voltados para o bem comum. Como ressalta Habermas, não se pode isolar esses dois âmbitos, uma vez que "a esfera pública retira seus impulsos da assimilação privada de problemas sociais que repercutem nas biografias particulares" (1997, p. 98).

Faz-se necessário dizer que, em suas obras posteriores, Habermas redefine o conceito de esfera pública burguesa, afirmando ser "incorreto falar de uma esfera pública singular, mesmo assumindo uma certa homogeneidade do público burguês. [...] É preciso admitir a coexistência de esferas públicas concorrentes e apreender a dinâmica daqueles processos de comunicação que são excluídos da esfera pública dominante"(1992, p. 175). Assim, ele aponta que as mulheres e as camadas pobres, por exemplo, constituíam esferas públicas alternativas paralelas à esfera pública burguesa.

Seguindo esse ponto de vista, a análise desenvolvida por Farge (1992) confere destaque à esfera pública popular, que, embora reprimida, teve um papel significativo ao longo do século XVIII. Nessa época, a política não era uma questão popular. O povo era considerado, mesmo pelos intelectuais, como vulgar e impulsivo. Se, por um lado, esse povo existe e protesta contra o Estado, contra o rei e contra aqueles que o dominam, por outro, ele é cuidadosamente vigiado pela polícia e por seus informantes. Isso prova, segundo Farge, que o povo tem suas opiniões sobre os acontecimentos – opiniões cuja pertinência e existência política são negadas por um poder que, ao mesmo tempo, observa-os. Essas opiniões muitas vezes não são acompanhadas de uma consciência política, mas progressivamente vão se fazendo reconhecer pelas autoridades como essenciais para a boa governança.

O conceito de opinião pública aproxima-se, então, da noção de formação de esferas públicas interconectadas que proporcionam a circulação, o embate e a revisão coletiva e conflitiva de pontos de vista. A opinião pública só pode existir em contextos nos quais os cidadãos estabeleçam diálogos, conversações e discussões, pois ela é fruto da publicização e do confronto de ideias e argumentos. Como foi discutido por Cooley (1909) e Dewey (2004), as comunicações públicas discursivas estruturam a opinião coletiva. Se antes, ao abrir o jornal, o leitor esperava encontrar opiniões já definidas, bem como críticas às posturas divergentes, no decorrer do século XIX ele passa – imerso em um momento histórico marcado por revoluções e mudanças estruturais no mundo ocidental – a utilizar a imprensa como uma extensão do debate oral. A imprensa apresentava ao público o debate e também participava dele (Lasch, 1995).

Segundo Cooley, a opinião pública não é o simples agregado da opinião de cada indivíduo, mas uma organização, um produto cooperativo da comunicação e de influência recíproca. Essa abordagem se diferencia daquela que ressalta o comportamento espontâneo da multidão, irracional e imitativo, como foi considerado por Le Bon e Tarde. Dessa forma, a opinião pública não pode ser tratada como um simples atributo do indivíduo ou do grupo, mas como um processo dinâmico da organização social.

Ao afirmar que a esfera pública pode ser compreendida "como uma rede adequada para a comunicação de conteúdos, tomadas de posição e opiniões", Habermas (1997, p. 92) nos fornece uma pista quanto ao papel que os meios de comunicação podem exercer na filtragem e na condensação dos fluxos de comunicação, possibilitando que vários pontos de vista sejam organizados tematicamente e, ao mesmo tempo, comparados entre si (Marques, 2008).

No processo de formação da opinião pública, Young *et al.* (1969) assinalam que o indivíduo constitui a opinião intercalando a leitura de jornais com a conversação, o que pode levar a uma ação participativa. Tarde (1992) também aponta uma relação estreita entre a exposição aos meios de comunicação, a conversação e a formação da opinião.[17] Para ele, os conteúdos disponibilizados pelos meios seriam desencadeadores da conversação, indicando os temas a serem abordados. Anderson, Dardenne e Killenberg (1994, p. 37) acrescentam que as notícias tendem a fazer as pessoas se manifestar sobre os assuntos da atualidade.

Porém, não podemos desconsiderar o fato de que autores como Habermas (1984) e Lasch (1995) associaram o crescimento dos meios de comunicação ao decréscimo dos debates na esfera pública. Lasch parte do pressuposto de que, por não participarem mais de debates públicos, as pessoas não se sentem motivadas a buscar informações sobre determinadas questões, afirmando ainda, de forma mais contundente, que a democracia requer debate público, não apenas informações. Nesse sentido, o declínio do debate público não se deve apenas à posse desigual de informações, mas também à ausência de estímulo a processos discursivos e cooperativos de construção do conhecimento. A esfera pública não pode se manter sem que os indivíduos desenvolvam as capacidades comunicativas necessárias para que possam sustentar suas opiniões e argumentos diante daqueles aos quais se opõem. Lasch concebe a informação como subproduto do debate público, quando usualmente ela é vista como pré-condição para o debate.

Analisando a transformação da imprensa de opinião em uma imprensa mercantilizada no início do século XX, Lasch aborda a emergência do profissionalismo no jornalismo, ponto de vista defendido por Lippmann (1969). Apregoando a objetividade do jornalismo moderno, Lasch ressalta que a imprensa voltada para o mercado não era mais capaz de oferecer uma visão crítica da realidade, fazendo que seu produto fosse sempre uma representação simbólica midiatizada e isenta da preocupação de gerar discussões. Com o surgimento da indústria de publicidade e das relações públicas, a imprensa abdicou da função de ampliar e sedimentar o foro público: procurou evitar controvérsias e assumiu uma aura de objetividade.

Uma opinião pública que não obedeça às condições de publicidade e que não derive das conversações e debates desenvolvidos em diferentes espaços de encontro atrairá sérios questionamentos. Assim, Lippmann, por exemplo, questiona a validade da opinião pública, que, por não atender aos critérios descritos, não seria confiável. Ele afirma que, no mundo moderno e industrializado, o papel da imprensa seria o de fazer circularem as informações, e não o de fomentar o debate, papéis, pare ele, antagônicos e não complementares. Lasch (1995) critica a visão de Lippmann, argumentando que só quando submetemos nossas preferências ao debate podemos chegar a uma conclusão sobre o que sabemos e o que ainda há a aprender. Ou seja, só o debate propiciaria que soubéssemos o que pensamos, tendo em vista a troca de experiências com os outros. Também para Dewey (2004) o conhecimento de uma comunidade emerge do diálogo e da troca de ideias, enquanto para Lippmann conhecimento é o que se obtém quando um especialista legitimado nos oferece sua leitura da realidade. Dewey argumenta que os cientistas também discutem entre si, assumindo o diálogo como via principal de construção do conhecimento. À imprensa, segundo Dewey, caberia a função de agente promotora de discussão, cultivando na comunidade certas habilidades vitais: ouvir, compreender, debater as diferentes alternativas e argumentar.

Mas a mídia não destruiu a esfera pública, nem a opinião pública oriunda das conversações e debates. Pelo contrário, ela é tida hoje como capaz de libertar os processos comunicativos e demandas dos contextos restritos nos quais se originaram. Habermas chegou a rever sua posição e declarar que os meios de comunicação "permitem que esferas públicas apareçam através de uma rede virtualmente presente de conteúdos da comunicação que pode se mover no espaço e tempo tornando válidas mensagens para inúmeros contextos" (1987, p. 390). A mídia tende a permitir a aproximação e o entrelaçamento de diferentes pontos de vista, colocando em contato atores diversos e proporcionando uma comunicação entre estranhos, que se desenvolve em esferas públicas complexas e ramificadas, envolvendo amplas distâncias (Marques, 2008).

Vimos até aqui que a formação da opinião pública depende intrinsecamente das relações comunicativas estabelecidas em esferas públicas que proporcionem o entrecruzamento dos fluxos comunicativos da vida cotidiana com os fluxos de comunicação mediada. O modo como percebemos e interpretamos o mundo depende de um tipo de conhecimento partilhado que é constituído nas conversações rotineiras que nos permitem viver juntos, interagir com os outros. Esse conhecimento proporcionado pela conversação cotidiana é também responsável pela formação da opinião pública. Contudo, ele se diferencia daquele propiciado pelo debate nas esferas públicas voltado para a produção das decisões. Assim, as conversações têm um papel importante não só na formação de esferas públicas de debate coletivo, mas também na estruturação da opinião pública, entendida como resultado do conhecimento produzido pela troca de ideias em torno de uma questão pública.

Considerando-se esse aspecto, o conhecimento horizontal relacionado à prática comunicativa do cotidiano é fundamental para a consolidação das certezas que compõem o pano de fundo das relações intersubjetivas. Todavia, as conversações em si mesmas não satisfazem o critério de conhecimento que permanece ligado ao debate público e à formação da opinião. Nesse sentido, a conversação que se estabelece rotineiramente entre as pessoas precisa ser examinada como algo complementar à comunicação voltada para o estabelecimento da opinião pública e àquela direcionada aos processos decisórios. As conversações do cotidiano indicam problemas e fazem questões antes não problematizáveis perder seu status de familiaridade inquestionável e ser trazidas à consciência como algo que precisa ser verificado (Rojas, 2008; Kim e Kim, 2008). De uma forma de comunicação mais ingênua, passa-se a uma forma de comunicação que se pretende crítica, reflexiva e racional (Maia, Marques e Mendonça, 2008). Na seção seguinte, exploraremos as principais características da conversação, procurando salientar aquelas que podem contribuir para o desenvolvimento do capital social e para o engajamento cívico.

Perspectivas atuais da abordagem da conversação

As noções de opinião pública e esfera pública[18] fizeram que o conceito de conversação fosse reconhecido como relevante dimensão da constituição da democracia. A esfera pública está em sintonia com a prática comunicativa cotidiana e, por sua vez, com os fluxos de conversação que se estabelecem normalmente entre os indivíduos.

Mas por que as conversações são tão importantes para a formação de espaços públicos democráticos se, geralmente, elas se estabelecem em contextos privados (pouco propícios ao embate de ideias) e entre pessoas que pensam de forma semelhante? Diferentes autores já destacaram que as conversações tendem a ocorrer com maior frequência em ambientes nos quais as pessoas se sentem protegidas ao expressarem seus argumentos (Mansbridge, 1999; Kim e Kim, 2008; Moy e Gastil, 2006). Assumir opiniões divergentes em contextos controversos não só impõe um desafio aos indivíduos como também tem um preço: transformar uma conversação fluida, amistosa e agradável em um embate de ideias voltado para a produção de um acordo ou para a solução de determinada questão.

É possível dizer que as formas de interlocução que povoam nosso cotidiano são múltiplas e interligadas. Rotineiramente nos envolvemos em conversações banais, em discussões políticas, em deliberações mais formais e racionais e até em trocas gestuais e corporais. Cada um desses tipos de interação comunicativa está também associado a contextos específicos de manifestação. Assim, conversações banais, informais e sociáveis podem acontecer em locais públicos como bares, no trabalho, na escola dos filhos etc. Trocas gestuais e afetivas podem ocorrer em contextos privados do lar, em ambientes favoráveis à demonstração de carinho etc. Discussões políticas também podem acontecer em tais locais, desde que os participantes exteriorizem conflitos latentes e sustentem suas opiniões diante das interpelações alheias. Todavia, discussões políticas e deliberações tendem a acontecer em locais específicos ou em situações mais formais de comunicação, como em Câmaras, parlamentos, assembleias, reuniões de associações, encontros de representantes.

Como argumenta Schudson (2001, p. 21), nem todas as formas de comunicação que caracterizam nossas ações cotidianas são equivalentes quando se trata da produção de julgamentos políticos relevantes. Para ele, o único tipo de conversação capaz de promover a democracia e a esfera pública é aquela entre pessoas que possuem diferentes valores e experiências buscando tomar uma decisão. Assim, ele traça uma distinção entre duas formas de conversação. A primeira seria a "conversação sociável", orientada para a interação, a sociabilidade e a partilha de experiências sensíveis. Ela é desorientada, fluida e não possui nenhuma finalidade a não ser a conversa em si. Seus participantes são mais homogêneos, visto que preferem trocar ideias com aqueles que compartilham os mesmos valores e alimentam a expectativa de que a conversa reforce crenças e perspectivas já compartilhadas. Mas, apesar dessa dispersividade, Schudson reconhece que, nesse tipo de interação comunicativa, as pessoas testam suas opiniões tanto para se certificarem da validade de suas proposições quanto para se arriscarem ao exporem ideias que podem não ser aceitas pelos demais. Todavia, esse risco é calculado, uma vez que na conversação sociável as pessoas têm conhecimento das bases sobre as quais se sustentam os valores e opiniões dos participantes. O fato de partilharem uma série de sentidos aumenta a segurança e a confiança no momento de formular uma opinião (p. 24).

A segunda forma de conversação apontada por Schudson é aquela voltada para a solução de problemas, a qual, contrariamente à primeira, focaliza as trocas de argumentos em público entre pessoas com *backgrounds* distintos, exigindo que os participantes formulem os próprios pontos de vista e respondam aos questionamentos alheios. O importante é que cada participante interaja e revise suas declarações de acordo com as sugestões e respostas dadas por seus interlocutores. O ato de falar com os outros é compreendido como um meio de alcançar um julgamento válido e, em última instância, um bom governo, que, presumivelmente, privilegie o bem comum (p. 22).

Apesar de alegar que esses dois tipos de conversação são necessários e devem ser considerados de maneira conjunta para o bom funcionamento das sociedades democráticas, Schudson confere maior relevância à conversação voltada para a solução de problemas, afirmando que a conversação sociável contribui muito pouco para a promoção de valores democráticos. Várias foram as críticas feitas a essa postura assumida pelo autor. Kim e Kim (2008), Marques e Maia (2008), Mansbridge (1999) e Dahlgren (2003), por exemplo, consideram a conversação informal como um pré-requisito para debates mais amplos e densos. Para esses autores, as conversações informais e sociáveis, sobretudo se tiverem como foco assuntos de natureza política (diferenças identitárias, justiça social, políticas redistributivas, corrupção, eleições etc.), criam uma base de informações para auxiliar os cidadãos a entenderem a natureza da questão pública a ser solucionada. Uma vez criada essa base, os interlocutores podem construir argumentos e pontos de vista voltados para soluções.

Cabe aqui fazer uma distinção terminológica. Na literatura sobre conversação, encontramos uma grande diversidade de termos, entre eles: *everyday talk* (conversação cotidiana), *political talk* (conversação política) e *everyday political talk* (conversação política cotidiana). Não raro, tais termos são utilizados como sinônimos, quando, na verdade, caracterizam processos completamente diferentes. Enquanto a conversação cotidiana abrange uma multiplicidade de temas que se sobrepõem sem articulação aparente, a conversação política cotidiana é centrada em questões do universo político que atingem os indivíduos e grupos em suas experiências particulares. Ambas são de natureza informal, mas a segunda é mais estruturada que a primeira. Por sua vez, a conversação política tende a ser associada a deliberações que se desenvolvem em espaços formais e mesmo institucionais de discussão e debate.

Nesse sentido, Mansbridge (1999, p. 212) estabelece uma diferença entre a conversação cotidiana informal e os debates formais em âmbitos institucionais. Para ela, a conversação cotidiana produz resultados democraticamente válidos por meio de efeitos combinados e interativos de ações de indivíduos relativamente isolados. Em contrapartida, os debates e discussões políticas podem ocorrer em uma assembleia, buscando uma decisão, sendo que os resultados geralmente são obtidos pela troca de argumentos durante a interação face a face. A conversação cotidiana, segundo essa autora, não é necessariamente considerada como uma ação destinada a uma finalidade precisa, adquirindo, portanto, uma natureza expressiva. Ela figura como um ato de expressão da própria experiência na tentativa de conferir sentido a acontecimentos da atualidade. Já os debates críticos e deliberativos em assembleias almejam, ao menos em teoria, produzir uma decisão coletivamente satisfatória.

Como o objetivo deste capítulo é explicitar as relações entre a conversação, o engajamento cívico e o capital social, optei por adotar o termo "conversação cívica" para caracterizar a importância das trocas comunicativas cotidianas que os cidadãos estabelecem entre si, diferenciando-as das trocas realizadas com autoridades públicas e administrativas. A meu ver, o termo "cívico" se relaciona com as condições fundamentais necessárias às interações comunicativas que têm por objetivo a compreensão coletiva de uma questão ou um problema de interesse geral, sendo baseadas nas trocas de pontos de vista e na tentativa coletiva de estabelecer um diálogo sustentado pela cooperação e pelo questionamento mútuo. Assim, estou de acordo com Rojas (2008), que também prefere utilizar o termo "conversação cívica" para caracterizar a comunicação interpessoal cotidiana voltada para o alcance de entendimento.

Desse modo, acredito que é preciso valorizar as conversações que, cotidianamente, auxiliam os indivíduos a interpretar coletivamente certos problemas, orientando suas trocas para que visem à busca do entendimento e da intercompreensão. Na conversação cívica voltada para o entendimento, os cidadãos podem trocar, rever e ampliar suas perspectivas, o que em geral culmina em julgamentos mais informados, enfáticos e reflexivos (Moy e Gastil, 2006). Como disse anteriormente, a conversação cívica cotidiana entre amigos, familiares, vizinhos, conhecidos, colegas de trabalho e mesmo desconhecidos, sobre questões de interesse público, prepara o caminho para seu engajamento em processos decisórios formais e normativos.

Como destacam Kim e Kim (2008, p. 53), apesar de serem triviais e de não possuírem objetivos específicos, as conversações do cotidiano proporcionam interlocuções nas quais os cidadãos "interagem livremente para entender a si mesmos e os outros, resultando na produção e reprodução de regras, valores partilhados, razões públicas". Esses autores veem a conversação cotidiana como a maneira mais comum de chegar ao entendimento mútuo.

Quando voltada para a cooperação, a conversação cívica cotidiana fornece "oportunidades de pensar sobre as próprias ideias, de reduzir sua inconsistência cognitiva aumentando a qualidade das opiniões e argumentos individuais" (p. 61). A conversação cívica cotidiana também favorece a descoberta mútua de traços comuns e de diferenças entre os indivíduos. Ela é propícia à inclusão de experiências pessoais e emocionais e, por abranger um conjunto de temas, perspectivas e experiências, auxilia os cidadãos a aumentar sua base de informações, unindo fatos e experiências.

Marques e Maia (2008) salientam que, quando as conversações cívicas do cotidiano, a princípio dispersas e multifacetadas, voltam-se para a busca do entendimento recíproco e para a cooperação entre os atores, abrem caminho para momentos de politização, ou seja, momentos em que falas fluidas e sem nexo articulam-se por meio da explicitação de posições discordantes que visa produzir entendimentos e acordos sobre questões de interesse geral. Segundo Rojas (2008), a conversação se politiza quando: a) distancia-se de contextos privados e envolve pessoas que discordam entre si e que centram a conversa em questões de cunho político; b) focaliza uma questão, ou conjunto de questões, que exija o trabalho cooperativo de interpretação, explicitação de pontos de vista e articulação de perspectivas.

Sendo assim, as conversações cívicas podem trazer várias consequências para o capital social. Marques e Maia (2008, p. 167), em uma pesquisa sobre as contribuições democráticas das conversações cívicas, concluem que estas últimas reforçam os vínculos de solidariedade e de pertencimento, além de auxiliarem os cidadãos a interpretarem seus problemas e situações de maneira objetiva e coletiva, desafiando relações de poder existentes na sociedade. Na próxima seção, mostrarei como as conversações cívicas, em sua busca pelo entendimento mútuo, se articulam com o capital social.

Conversação cívica cotidiana e capital social

De modo geral, é possível afirmar que a conversação é parte significante da socialização e integração cultural, contribuindo para a formação de redes de interação, de confiança e de laços de solidariedade – elementos que compõem a base do conceito de capital social. Considerando-se que o capital social conecta os indivíduos uns aos outros, visando estabelecer formas de cooperação entre eles, percebe-se a importância que a conversação cívica pode ter no desenvolvimento desse tipo de capital.

No Capítulo 1, vimos que o capital social se desenvolve a partir do momento em que encontramos outras pessoas e mantemos com elas uma interação cooperativa frequente. Mas qual deve ser a natureza desse encontro? Putnam (1993) acredita que não é preciso se filiar a organizações formais nem interagir com pessoas que pensem de modo diferente. Para ele, jogar baralho ou boliche com os amigos, ir a bares e a almoços de família são práticas que também podem trazer ganhos ao capital social. Essa fluidez do conceito nos leva a pensar que qualquer forma de interação pode ser benéfica para a democracia e para o capital social.

É acertado admitir que as conversações cívicas são capazes de gerar vínculos sociais e confiança entre os indivíduos. Mas será que todas as conversações podem favorecer os padrões de interação que caracterizam o capital social? Estes têm sua origem em um conjunto de vários conceitos, entre eles: a confiança social, as normas de reciprocidade, as redes de engajamento cívico (formais e informais) e a cooperação recíproca. Nem todas as nossas interações conduzem à confiança, ao engajamento cívico e à cooperação. Por isso, nem todas as formas de interação são benéficas para o capital social. Putnam (1993) ressalta que o capital social que estabelece pontes entre diferentes pessoas e grupos é mais desejável que o tipo de capital social produzido unicamente para reforçar a identidade interna de um grupo.[19] Assim, o autor admite, indiretamente, que a ideia de que interações comunicativas e conversações entre pessoas que possuem *backgrounds* diferentes são essenciais para a produção do capital social.

Vários autores revelam que a maior parte de nossas interações cotidianas proporciona poucas oportunidades para desenvolvermos nossa confiança em pessoas que sejam diferentes de nós e que pensem de forma diferente (Conover e Searing, 2005; Moy e Gastil, 2006). Passamos mais tempo com amigos, familiares e colegas que têm maior probabilidade de apresentar pontos de vista semelhantes aos nossos. Sendo assim, raramente as pessoas interagem com outras que pensam de maneira diferente e que sustentam pontos de vista contrários.

Contudo, segundo Rojas (2008), a conversação favorece também a expressão de pontos de vista dissonantes. Ao se engajarem em uma conversação, os indivíduos referem-se também a opiniões e falas de terceiros, sejam elas vindas dos meios de comunicação, de discussões e debates travados em outros contextos, ou mesmo de pessoas cuja opinião capturaram, ainda que dela discordassem. Assim, muitas vezes uma opinião dissonante pode se infiltrar em conversações entre parceiros que apresentam ideias semelhantes graças aos assuntos abordados pelos meios de comunicação. Desse modo, é possível dizer que a conversação oferece a possibilidade de indivíduos ficarem expostos a uma maior quantidade de informações e pontos de vista (Kim e Kim, 2008). Para Rojas (2006), o uso das informações divulgadas pelos meios de comunicação em conversações pautadas por assuntos políticos relaciona-se com um maior interesse nos assuntos da política, contribui para um sentimento de domínio e de entendimento dos fatos e acontecimentos ligados à política, aprimora conhecimentos políticos e estimula a participação cívica e institucional.[20] Ou seja, aumenta o nível de capital social.

Portanto, é a exposição das pessoas ao conflito e ao embate de pontos de vista que permite fazer que a conversação se politize e o capital social se amplie. Isso faz da conversação cívica cotidiana uma forma interativa potencialmente eficaz no que diz respeito ao aumento do capital social, pois a existência do conflito exige que os parceiros da interação cooperem para chegar a um entendimento. Exige também que eles respondam uns aos outros e que focalizem o interesse coletivo em detrimento da mera persuasão. Assim, muitos estudos demonstram (Norris, 2000; Portes, 2000) que o capital social associado à conexão entre pessoas que pensam de forma diferente é o responsável pelo desenvolvimento democrático das sociedades contemporâneas.

Autores como Rojas (2008), Kim e Kim (2008) apostam, então, na capacidade que a conversação cívica tem de gerar efeitos integrativos. Contudo, eles salientam que essa conversação deve ser voltada ao alcance do entendimento, e não ao objetivo estratégico do mero convencimento dos parceiros de interlocução. Isso não significa que a racionalidade estratégica possa ser retirada de nosso contato com os outros. O convencimento do outro faz parte de nossas intenções mais imediatas. Entretanto, Rojas (2008) afirma que os atores em interação podem mudar sua orientação e migrar da lógica instrumental para a lógica do entendimento mútuo. Segundo ele, é preciso conhecer a orientação dos parceiros de interlocução para que se possa avaliar melhor o potencial que determinada conversação possui para fortalecer o capital social.

A orientação para o entendimento mútuo e a construção do capital social

Como mencionei antes, muitas de nossas conversações sobre temas políticos e atividades cívicas não nos levam a construir relações cooperativas. Isso se deve, entre outros motivos, ao fato de que, em grande parte do tempo, estamos mais preocupados em convencer os outros da veracidade de nossos argumentos do que em escutar atentamente o que o outro tem a dizer, rever nossas posições diante de suas considerações e buscar, juntos, um entendimento quanto a uma questão que interesse a ambos. Tanto Kim e Kim (2008) quanto Rojas (2008) destacam que, quando nossas interações cotidianas têm como objetivo chegar ao entendimento recíproco sobre algo, elas podem fazer que as pessoas desenvolvam a cooperação e a confiança recíproca.

É interessante notar que, quando orientadas para o entendimento, as conversações informais não resultam apenas na reciprocidade e na cooperação para a interpretação de problemas, mas também geram efeitos de integração social, de socialização e de desenvolvimento da razão. Segundo Rojas (2008, p. 460), "uma orientação para o entendimento não apenas facilita a definição dos desafios da ação coletiva, mas também aprimora capacidades para trabalhar em conjunto e para resolver esses desafios, aumentando o envolvimento político". Esse procedimento favorece não só a participação cívica como também aumenta o interesse político e as interações sociais, promovendo, assim, o crescimento do capital social.

Assim sendo, as conversações cívicas capazes de contribuir para o engajamento cívico na construção do capital social proporcionam, no âmbito social e relacional, três tipos de efeitos: a) socializantes; b) integrativos; c) ligados à troca de perspectivas e ideias. Com relação aos efeitos socializantes, podemos dizer que a conversação cívica orientada para o entendimento tende a permitir a formação de redes de discussão e de sociabilidade fundamentais para o capital social. Por meio dessas redes, o engajamento cívico e a participação podem ser estimulados. No que se refere aos efeitos integrativos, a conversação cívica voltada para a elaboração de definições e interpretações da realidade pode favorecer o desenvolvimento de capacidades expressivas e argumentativas. Por fim, os efeitos ligados à troca de perspectivas e ideias têm origem em conversações nas quais os atores usam a razão para trabalhar em conjunto, de forma cooperativa, visando chegar a um acordo.

Para um melhor entendimento das relações descritas, observe o esquema apresentado na Tabela 2.

Tabela 2. Relações entre a conversação cívica e o capital social.

Aspectos sociais e relacionais	Conversação cívica	Orientação para o entendimento mútuo	Capital social
Efeitos socializantes	Socialização e renovação de vínculos de proximidade; formação das identidades pessoais e coletivas.	Conhecimento dos parceiros de interação; consideração recíproca de suas histórias e pontos de vista.	Formação de redes de discussão e sociabilidade; engajamento cívico e participação; maior eficácia política.
Efeitos integrativos	Integração social por meio do desenvolvimento de capacidades comunicativas e argumentativas.	Elaboração de definições comuns da situação; busca de causas e alternativas para a solução de problemas coletivos.	Estabelecimento da cooperação, da confiança e de laços de solidariedade.
Efeitos ligados à troca de perspectivas e ideias	Exposição a pontos de vista diferentes; transmissão e renovação de conhecimentos culturais, normas e regras morais de conduta.	Busca do entendimento sobre questões de interesse comum; uso da razão para chegar a um acordo e não apenas para persuadir.	Aumento da complexidade cognitiva; ampliação do conhecimento político.
Ressalvas importantes	As conversações cotidianas não conduzem necessariamente à confiança, ao engajamento cívico ou à busca pelo mútuo entendimento.	A orientação dos atores para o mútuo entendimento alimenta, ao mesmo tempo, processos de integração social e de socialização.	O surgimento e a ampliação do capital social dependem da exposição dos cidadãos ao conflito e ao embate de ideias.

Enfim, a conversação cívica cotidiana promove a aproximação entre os cidadãos, além de criar oportunidades de troca de experiências, de construção da confiança mútua, de descoberta recíproca de pontos em comum ou de discordâncias. Como aponta Rojas (2008), ela favorece a constituição de redes de discussão que permitem não só a formação de capital social como também fornecem a base para o processo deliberativo que se inicia na vida cotidiana informal. Para esse autor, a conversação cívica do cotidiano sobre temas políticos "não trata apenas de quão frequentemente conversamos, e com quantas pessoas, mas também da maneira pela qual escolhemos falar com e ouvir aqueles com quem discutimos política" (2008, p. 471). Nesse sentido, a conversação torna-se um pré-requisito importante para a participação e para o engajamento cívico.

As contribuições da conversação para o engajamento cívico

As conversações cívicas voltadas para o bem coletivo, dotadas de espírito público e estimuladoras de relações fundadas na confiança e na colaboração não ocorrem em um espaço interativo qualquer. Seu reduto principal são as associações, entendidas aqui como parte de um espaço público e social. O ambiente das associações pode ser percebido como uma "escola da democracia" (Warren, 2001a), uma vez que proporciona a confiança, a reciprocidade e o conhecimento necessários para sustentar ações coletivas, levando aos indivíduos o ideal do bem público.

Segundo essa perspectiva, as conversações cívicas nos grupos organizados (associações de pais e mestres, grupos de boliche, assembleias de bairro etc.), assim como as discussões políticas que resultam no envio de petições para o congresso, se orientadas para o entendimento e a solução de um problema, contribuem para o amplo processo de construção de opiniões, de esferas públicas e para a formação de capital social.

É possível dizer que a conversação cívica favorece o engajamento associativo e vice-versa. A possibilidade de exposição a uma diversidade maior de pontos de vista oferecida pelas conversações aumenta as chances de integração e estabelecimento de confiança mútua entre as pessoas (Rojas, 2006, 2008). Contudo, algumas de nossas interações são mais cooperativas, enquanto outras são mais conflituosas e nos distanciam dos outros em vez de nos colocar em contato com eles. Outras formas de conversação podem ter um fim em si mesmas, não conduzindo à cooperação nem à confiança ou ao engajamento cívico, mas são também essenciais à convivência e à sociabilidade. Nem todas as nossas interações possuem uma orientação política. E, claro, nem todas as associações promovem efeitos democráticos ligados à busca do entendimento mútuo. Isso nos remete também à proposição de que existem diferentes formas de engajamento cívico. Algumas estariam relacionadas com a confiança, outras não, podendo inclusive ser hostis a ela. Ainda segundo essa ideia, algumas formas de engajamento e de participação cívica podem ampliar a cooperação, sendo que outras simplesmente a destroem.

Mesmo diante dessas ressalvas, podemos dizer que, nas associações, a conversação cívica pode contribuir para formar, fortalecer e sustentar as capacidades críticas, comunicativas e políticas dos indivíduos. Por meio da conversação, os membros de uma associação podem expressar suas experiências e refletir sobre elas, de modo que pontos de vista sedimentados possam ser avaliados e entrar em contato com repertórios mais amplos de entendimento. Ter a própria opinião considerada confere ao indivíduo um sentimento de "eficácia política", ou seja, a percepção de que seu ponto de vista pode fazer a diferença (Lane e Sears, 1966; Norris, 2000). De fato, as conversações em ambientes associativos tendem a aprimorar as habilidades argumentativas e políticas dos cidadãos:

> As habilidades que os indivíduos podem adquirir nas associações incluem a fala e a autoapresentação, a negociação e a barganha, o desenvolvimento de coalizões e a criação de soluções para problemas, aprender quando e como assumir compromissos, assim como reconhecer quando alguém está sendo manipulado, pressionado ou ameaçado. Essas habilidades tendem a ser desenvolvidas em todas as associações que lidam com problemas de ação coletiva, não só por associações diretamente envolvidas com causas políticas. (Warren, 2001a, p. 72)

As associações são constituídas pela comunicação entre os indivíduos. Isso implica a canalização de diversos fluxos comunicativos, devendo a associação organizar, selecionar e relacionar as informações sobre assuntos relevantes para seus membros. Desse modo, a informação é processada por diferentes atores e construída coletivamente. Agregado à conversação, o uso de informações disponibilizadas pela mídia pode colaborar para que os cidadãos tenham maior conhecimento das regras do jogo político, dos diferentes partidos e personagens integrantes, assim como dos temas que perpassam por esse universo. Além disso, o uso da mídia os auxilia na elaboração de estratégias mais eficazes de participação e de cobrança de maior transparência e *accountability* (prestação de contas) perante instituições governamentais.

Para Putnam (2002b), aliada à posse de informações, a confiança capacita os indivíduos a vencerem problemas ligados à ação coletiva, auxiliando-os a organizarem-se politicamente e a pressionarem o governo para que suas demandas e necessidades sejam consideradas. Segundo ele, "quanto mais cívica é uma região, mais eficaz o seu governo [...]. As regiões onde há muitas associações cívicas, muitos leitores de jornais, muitos eleitores politizados e menos clientelismo parecem contar com governos mais eficientes" (pp. 112-3). Por isso, Putnam considera o pertencimento a associações cívicas como um indicador da presença de capital social.

O envolvimento dos indivíduos em conversações e o desenvolvimento da confiança mútua, bem como o uso que fazem das informações midiáticas, têm sido apontados como variáveis capazes de aumentar os níveis de participação política. Contudo, é preciso ter cautela com afirmações como essa. Norris (2000) ressalta que o uso de informações midiáticas como insumo da participação política contribui para a alimentação de um círculo virtuoso, ou seja, essas informações reforçariam a participação daqueles que já são ativos politicamente, pouco incentivando aqueles que não têm o costume de se envolver em debates e controvérsias públicas.

A participação política visa ao engajamento de indivíduos e grupos em debates e conversações que busquem influir diretamente sobre a ação governamental, no que concerne à formulação de políticas públicas ou à seleção (ou indicação) de representantes ou de gestores responsáveis pela implementação de tais políticas. Porém, muitas das interações que se estabelecem nas associações não possuem como finalidade principal influir diretamente no poder. Grande parte delas está voltada para o desenvolvimento de virtudes cívicas e habilidades críticas que possam formar cidadãos moralmente responsáveis e reconhecidos como indivíduos capazes de participar de debates públicos. Desse modo, outro tipo de participação é privilegiado: a participação cívica, que dá mais atenção às ações da comunidade e menos às ações de intervenção direta na política institucional. A base dessa forma de participação está nas oportunidades de expressão pública e no desenvolvimento das habilidades críticas e cognitivas dos cidadãos.

Deve-se salientar que o desenvolvimento dessas habilidades depende tanto de condições socioeconômicas favoráveis (justiça social, distribuição de renda, educação etc.) quanto da presença do conflito e da externalização de discordâncias entre os membros de dada associação (Marques e Maia, 2008). Como mencionei anteriormente, é o conflito que permite a politização das conversações, a polarização de opiniões e a orientação de todos para o processo cooperativo de interpretação e compreensão de um problema de interesse geral. De acordo com Warren (2001a), os indivíduos engajados em ações cívicas possuem "a habilidade de organizarem-se para a ação coletiva, podendo confiar nos outros, reconhecê-los e respeitá-los, ainda que eles sustentem opiniões diferentes" (p. 76).

Ainda segundo Warren, diferentes associações proporcionam espaços de conversação e discussão nos quais as habilidades e capacidades dos cidadãos podem ser aprimoradas, apreciadas e reconhecidas. Para isso, as relações precisam se desenvolver de acordo com os princípios da reciprocidade, da confiança e da cooperação. Entretanto, Putnam (2002a e 2002b) chama a nossa atenção para o fato de que a cooperação pode promover ações sociais boas e ruins, uma vez que as coerções, por exemplo, são mais eficazes quando exercidas por grupos. As formas de confiança constituídas sem o respeito às normas de reciprocidade e da orientação coletiva para a busca do entendimento podem ser prejudiciais à democracia e ao capital social, produzindo efeitos negativos. O tema do capital social perverso ou negativo será mais bem desenvolvido no Capítulo 5.

3. Comunicação pública e capital social

Como vimos no primeiro capítulo, o conceito de capital social está intimamente ligado às redes sociais e de comunicação disponíveis para as interações entre os agentes sociais. Putnam *et al.* (1993) usam o conceito de capital social para realizar uma análise macropolítica. Segundo os autores, há um vínculo entre o desenvolvimento do capital social que traduz a intensidade da vida na sociedade civil e o desempenho institucional que garante a democracia. O capital social representa um fator de participação política autônoma e apresenta efeitos sobre o capital humano, facilitando as relações sociais de interdependência e de interação por meio das redes sociais.

Há algum tempo, os estudiosos da comunicação têm reiteradamente usado o conceito de comunicação pública sem muita clareza sobre seu significado. A análise da comunicação pública acompanha a natureza do conceito e os marcos da sua evolução histórica – como modelo teórico-instrumental do sistema político para mediar interações comunicativas entre o Estado e a sociedade. Vale assinalar que a atualização dos estudos de comunicação política privilegia, de forma evidente, as mensagens políticas, as políticas de comunicação governamental, as campanhas eleitorais e os meios de comunicação envolvidos nesse processo (em especial a televisão e, mais tarde, a internet). O conceito de "comunicação pública" incorporou-se ao vocabulário da comunicação, marcado, talvez, pelas referências dominantes à comunicação governamental, ao marketing político e às interfaces virtuais da internet que aproximam governantes e cidadãos. Assim, se no Capítulo 2 enfatizamos a importância das conversações entre os indivíduos para a formação do capital social, neste capítulo privilegiaremos a comunicação que as instituições políticas estabelecem com a sociedade.

Embora se considere a centralidade do governo como agente do processo em questão, destacam-se também outras possibilidades, como a comunicação pública do ponto de vista da sociedade organizada e do cidadão, sendo ambos elementos essenciais para a implementação do conceito. Assim, por um lado existe uma *comunicação política*, sendo influenciada pelo que poderíamos chamar de *processo comunicativo moderno* (Blumler, 1990, pp. 101-3): adentra-se em uma batalha para influenciar e controlar as percepções do tema político pela ação dos meios de comunicação de massa. A conquista da atenção do público por meio de técnicas de marketing acaba definindo os assuntos e com que formato eles serão apresentados ao cidadão. Por outro lado, há a possibilidade de uma *comunicação pública*, que envolveria o cidadão de maneira diversa, participativa, estabelecendo um fluxo de relações comunicativas entre o Estado e a sociedade.

A comunicação pública tem sido compreendida como sinônimo de comunicação governamental. O entendimento da comunicação pública como espaço da/para a sociedade organizada é relativamente recente. Contudo, é preciso indicar alguns marcos teóricos em que já estão presentes a preocupação com a natureza dos agentes sociais e sua participação nesse processo. Também é preciso buscar, além da tendência dominante que faz do marketing a linguagem da comunicação política, a participação de grupos sociais com vários níveis de organização, sendo capazes de encontrar espaços e meios para a manifestação de diferentes vozes. A ideia norteadora do conceito de "comunicação pública" visa incluir os atores sociais emergentes na esfera pública, de modo que possam debater e formular propostas de ações ou de políticas públicas que beneficiem a sociedade.

Marcos do conceito de comunicação pública

Proponho-me aqui identificar algumas modalidades do tratamento que se tem dado ao conceito da comunicação pública. Ou seja, estabelecer uma visão geral fundada nas relações entre governo e sociedade, incluindo: uma abordagem da comunicação pública como serviço público, tomando por base as discussões sobre a regulação de canais da mídia pelo Estado, a substituição dos canais públicos pelos privados e um terceiro aspecto relacionado à visão normativa da comunicação pública.

Nesse contexto, aponto uma diferenciação nos estudos da comunicação governamental. Não trato, portanto, das políticas de comunicação como forma de controle e regulamentação ou desregulamentação da propriedade e da utilização dos meios e tecnologias de comunicação. Refiro-me aqui às normas, princípios e rotinas da comunicação social do governo, explicitadas ou não em suportes legais que visem regulamentar as comunicações internas e externas do serviço público. Considero que a comunicação pública envolve também a resposta do cidadão a iniciativas provenientes do fluxo das relações comunicativas entre o Estado e a sociedade. É preciso redefinir o desempenho institucional de modo que o capital social seja produzido por meio de intensa interlocução entre o Estado e a sociedade civil, transformando a comunicação de mão única em uma interação cooperativa visando ao bem comum. Privilegiam-se, assim, as obrigações e expectativas que estruturam a confiança entre os membros da rede social; a capacidade da estrutura social para gerar e colocar em funcionamento os fluxos de informação; as normas que regem o processo (Coleman, 1990). Linieux (1989, *apud* Gerstlé, 2003) define a *rede social* em oposição a uma organização fluida, com fronteiras difusas, atores pouco especializados em seus papéis e conectados aleatoriamente. E, como complemento, define a *rede de comunicação* como um conjunto de possibilidades materiais e imateriais de comunicação. No entanto, o capital social não pode ser tomado unicamente como condição da comunicação pública; também deve ser visto como uma consequência dela. Retomarei esse ponto mais adiante.

Em um artigo sobre a comunicação no legislativo, ressaltei algumas tendências da comunicação pública na França e nos Estados Unidos – com base em vertentes como a propaganda e o marketing político (Matos, 1999). Nele, chamo a atenção para a crescente organização da sociedade civil no processo de redemocratização brasileiro, após o período da ditadura militar. Além de apontar a tendência dominante de uso do marketing como linguagem da comunicação política, assinalo como elemento indicador da mudança a presença de grupos sociais (com vários níveis de organização) buscando viabilizar estratégias para maior visibilidade midiática – para manifestar a diversidade de demandas e posições sobre a conjuntura política e social.

Denominei esse fenômeno de *comunicação pública*, até então, no Brasil, sem uma demarcação nítida em relação à comunicação governamental, mas já discernível pela existência de novos atores sociais, antes exclusivamente receptores da propaganda ou da comunicação institucional de governo brasileiro (Matos, 1999).

Os posteriores estudos de comunicação política continuaram privilegiando as mensagens institucionais, as políticas de comunicação governamental, as campanhas eleitorais e os meios de comunicação envolvidos nesse processo (principalmente a televisão, no início, e depois a internet e as discussões sobre a concessão de canais, as rádios comunitárias, a TV digital e a TV pública). Contudo, a comunicação pública não pode se restringir ao fluxo de mensagens institucionais que, hierarquizadas, partem das esferas governamentais para atingir cidadãos que não encontram espaço para a interlocução com seus dirigentes. Proponho, assim, que a comunicação pública seja entendida como processo de comunicação instaurado em uma esfera pública que englobe Estado, governo e sociedade, além de um espaço para o debate, a negociação e a tomada de decisões relativas à vida pública do país (Matos, 2006).

No contexto brasileiro, desde Vargas até Fernando Henrique Cardoso, reduziu-se a comunicação pública a aspectos secundários. Os governos a entenderam como propaganda, publicidade institucional, marketing ou relações públicas. Não deram ao assunto a importância alcançada na América e Europa.

Vargas instituiu o Departamento de Imprensa e Propaganda, enquanto Médici, no auge da ditadura militar, criou a Assessoria Especial de Relações Públicas (Aerp). Por iniciativa do executivo, a política de comunicação esteve vinculada ao gabinete militar. Figueiredo criou a Secretaria de Comunicação (Secom) e Fernando Henrique, o Plano de Comunicação Institucional.

Em todos os casos, tratou-se de pouca ou nenhuma comunicação pública. Nem mesmo houve a preocupação de estabelecer diretrizes nacionais na área. Produzir hoje uma comunicação pública brasileira seria reescrever essa história.[21]

Uma análise do uso da expressão *comunicação pública* desde o início do século XX mostra que o conceito esteve relacionado com a comunicação estatal e a implantação da radiodifusão, e, mais tarde, da televisão pública. Enquanto o desenvolvimento da imprensa tradicional foi regulado pelas forças políticas, culturais e de mercado, os meios eletrônicos necessitavam ser autorizados e regulados por concessão pública. Por meio dessa autorização, o Estado "concede a uma empresa, por tempo limitado, o direito de utilizar uma determinada faixa, mediante o compromisso de que será usada em benefício público" (Dines, 2005).

No entanto, embora haja diferenças entre a origem dos recursos financeiros (privados) e a origem da concessão e da regulamentação (estatais), os fatores que orientam o funcionamento da mídia deveriam ser guiados pela busca da satisfação do interesse público.

No Brasil, a implantação da radiodifusão (anos 1920) consagrou a expressão *comunicação pública*, entendida como comunicação estatal. Isto é, o termo era utilizado em contraste à comunicação do setor privado.

Após o fim do governo militar, os segmentos sociais interessados se organizaram para discutir políticas públicas compatíveis com a tarefa de democratização da comunicação.

Com a promulgação da Constituição Federal de 1988, foram instituídos três sistemas complementares de serviços de radiodifusão: o privado, o público e o estatal (artigo 23). Nesse contexto, comunicação pública é a comunicação realizada por meio da radiodifusão pública, nos moldes de sistema público apresentado por Tomaz Jr. (*apud* Duarte e Veras, 2006, p. 27), que explica que:

> por "sistema público" entendem-se não as instituições do "setor público", que se confundem com o estatal, mas sim os espaços e organizações geridos de forma "pública": coletiva, transparente, em observância de princípios democráticos de participação e de controle social. Obviamente, o tipo de conteúdos, a natureza da organização, entre outros elementos, como a propriedade, também compõem o mosaico de itens que serve para denotar o caráter público aqui referido.

No entanto, o artigo 23, embora defina o sentido da comunicação pública do ponto de vista legal e normativo, não leva em conta as transformações das tecnologias da informação que já estavam em vigor nos meios de comunicação. Desconsidera, também, a influência do mercado na reconfiguração dos grupos de mídia e na definição dos conteúdos dirigidos para a audiência.

Essas alterações do conceito de comunicação pública foram visíveis na Europa, com o desenvolvimento do rádio nos anos 1920 e 1930, e, mais tarde, no pós-guerra, com a televisão. No entanto, na região, a discussão girou em torno da livre expressão e, mais tarde, das transformações do conceito de comunicação pública, levando em conta a presença dominante do mercado na difusão das informações.

Segundo Serrano (1998), a intervenção do Estado nos meios de comunicação sempre foi considerada como limitadora da liberdade de expressão, e, ao mesmo tempo, como defensora do pluralismo dessa mesma liberdade.

Ao longo do tempo, a imprensa foi adquirindo certa independência na luta contra o controle do Estado, sendo a publicidade comercial uma forma encontrada para diminuir a necessidade de subsídios oficiais. Dessa maneira, a independência crescente dos meios de comunicação acabou por permitir que eles exercessem a função de órgãos de serviço público, aumentando sua credibilidade perante a audiência e, pela vigilância exercida, tornando o governo mais responsável.

Nesse contexto, surge na Inglaterra, em 1920, uma corporação pública, a British Broadcasting Company (BBC), com uma reputação associada aos serviços de utilidade pública, numa sociedade marcada pelo descontentamento devido ao embate entre o mercado e as forças políticas. Esse modelo de corporação não visava ao lucro ou ao controle político, mas sim a assegurar a qualidade da programação. De acordo com Serrano (1998), entre as definições desse serviço público houve a permanência de termos como: interesse social, qualidade, bem comum e equilíbrio, com objetivos educativos e informacionais e tendo como público-alvo toda a sociedade, sem distinção.

No entanto, entre a lógica do mercado e a satisfação da audiência, questões como a preocupação com a cidadania, a exigência da massificação dos conteúdos e o apelo ao consumismo resultaram em uma contradição não resolvida.

Logo, a pressão econômica começou a se mostrar mais limitadora do pluralismo do que a própria censura política. As práticas do mercado acabaram substituindo a repressão legal pela conformidade com a ordem estabelecida. Com o crescimento da publicidade na mídia, a independência perante os interesses políticos foi substituída pela dependência diante dos anunciantes.

Em 1997, Bland (*apud* Serrano, 1998), presidente da BBC, enuncia as prioridades da entidade pública, que chama de quatro pilares do serviço público: a qualidade, a diversidade, a inovação e a reflexão quanto à cultura nacional. Segundo tal perspectiva, a utilidade pública abarca não só a difusão da informação com imparcialidade e a independência editorial, como também a tarefa de servir de modelo para as demais radiodifusoras.

Essas propostas não foram seguidas por Birt, diretor-geral da BBC, que preferiu atender aos interesses da audiência, buscando conhecer as suas preferências para que pudesse colocá-las no ar. Em relatório publicado pela União Europeia em 1996 encontramos a seguinte afirmação:

> o serviço público de radiodifusão deve seguir cinco princípios básicos: caráter nacional, satisfação de diferentes necessidades dos grupos sociais, monopólio com controle da autoridade pública, acessibilidade, natureza não comercial e financiamento por fundos públicos; privilegiando a vertente cultural e distanciando-se do discurso político (Conseil de l'Europe, 1996).

Tal modelo foi seguido na Espanha, com a TVE, e em Portugal. Já a Radio France adaptou o modelo proposto pela União Europeia, visando, ao mesmo tempo, integrar e fortalecer a cidadania e atender ao gosto do público, sem desconsiderar a proposta de preservar os valores da universalidade, continuidade, neutralidade e acessibilidade.[22]

No Brasil, duas das redes consideradas públicas são: a TV Cultura, do estado de São Paulo, e a TV Educativa (TVE), do governo federal. Essas redes esforçam-se para informar com isenção, concentrando-se em atender os objetivos contidos no Manual de Jornalismo Público e em seus respectivos nomes – cultura e educação. No entanto, enfrentam dificuldades financeiras e, para Dines (2005), são públicas na atitude, mas estatais no plano real.

Embora o conceito de cidadania global da informação tenha surgido devido às novas tecnologias e seus impactos sociais, a presença dos conglomerados de mídia, o fluxo assimétrico da produção dos conteúdos e, mais recentemente, a convergência midiática têm tornado mais desigual a universalidade do acesso.

É importante destacar que a entrada da mídia no mercado, que trata a informação como produto, não significou necessariamente a perda de liberdade política. É preciso considerar o pluralismo interno não no que diz respeito à dimensão do simples direito à recepção de informação, mas sim quanto à necessidade de variedade de estilos, gêneros, opiniões e visões de mundo.

A determinação do conteúdo da comunicação pública é orientada pelo ideal normativo das referências convencionais, tais como: o interesse público, o direito à informação, a busca da verdade e da responsabilidade social pelos meios de comunicação de massa. Isso nos leva a refletir sobre as práticas profissionais dos comunicadores envolvidos e os princípios normativos que os guiam.

Entre as ações normativas, algumas se referem ao direito de resposta da audiência, outras à tentativas, por parte do Estado, de estabelecer alguma forma de censura prévia, ou à uma posição editorial do veículo, ou ainda às ameaças das quais as mídias são vítimas frequentes (visando a sua subordinação a grupos de interesse político ou financeiro, uma ação política de marketing e/ou relações públicas desvirtuada).

O esforço normativo da comunicação pública remete, segundo Libois (2002), à hipótese de uma deformação estrutural da comunicação, localizada em três fontes: a política, a econômica e a midiática.

A orientação básica do conceito de comunicação pública é prioritariamente de ordem democrática, referente ao senso comum político, e em associação direta com normas herdadas da visão liberal – em estreita relação com o Estado. Secundariamente, está em conformidade com os valores ligados à comunicação como instrumento e meio independente do Estado, sendo, como meio, direcionada à esfera pública, à cultura nacional, à esfera privada e à econômica (pelo princípio do mercado). E, por último, nas palavras de Libois (2002, p. 36), "o princípio da dimensão de crítica interna à própria comunicação, possibilitando a visão da liberdade de opinião como liberdade de formular uma opinião segundo os interesses do grupo representado. Nesse sentido, o pluralismo deve visar não somente à variedade de opiniões e de pontos de vista, mas à igualdade de questões e temas tratados".

O princípio da dimensão crítica dos meios de comunicação permite identificar uma dificuldade pouco explorada nas discussões sobre a comunicação pública: a função da programação da mídia, que, com o interesse voltado para a resposta da audiência, distancia-se da prestação pública de contas (*accountability*), uma vez que o agendamento e a formatação das questões de interesse público não são explicados e justificados para a audiência.

Comunicação pública e processo de comunicação política

A reflexão sobre o contexto histórico e normativo do conceito de comunicação pública, no Brasil e na Europa, nos leva ao impasse marcado pela proeminência do mercado, reorientando os objetivos dos grupos de mídia e sendo responsável pelo deslocamento progressivo do polo público-cidadão ao polo público-consumidor.

Com essa nova condição, a análise do *locus* da comunicação pública também se desloca da mídia, como produtora dos conteúdos de interesse público, para o campo da comunicação política, espaço interdisciplinar que tem se dedicado a estudos nos domínios do exercício do poder. E por que a comunicação política?

Como já foi indicado, os estudos acerca da comunicação pública estiveram relacionados, até o final do século XX, com a regulamentação e o controle da mídia, com o objetivo de submetê-la aos padrões de interesse público. Por outro lado, os estudos pioneiros da comunicação política (anos 1940 e 1950), comprometida com a emergência da teoria da comunicação, especialmente nos trabalhos de Lazarsfeld, Lewin, Hovland e Laswell, revelaram inúmeras perspectivas de estudo do fenômeno, contemplando várias áreas da ciência: sociologia, psicologia, ciência política, linguística, administração pública, história, entre outras. Não é meu intuito retomar a dimensão técnica da persuasão, que caracteriza inúmeras pesquisas (desde a propaganda política até o marketing político), mas voltar-me para a dimensão política observada nos estudos da comunicação política.

Com respeito à relação entre comunicação política e comunicação pública, considero que é preciso buscar na comunicação política (hoje um campo consolidado) e na ciência política o referencial teórico e metodológico necessário para elucidar o conceito de comunicação pública – visto ora como utopia, ora como conceito renovado de comunicação governamental, ou ainda como o próximo passo das relações comunicativas entre o Estado (e não o governante) e a sociedade (Matos, 2006).

De forma resumida, pode-se dizer que comunicação política lida basicamente com as relações de poder. Assim, os processos comunicacionais que envolvem a busca, a legitimação ou a manutenção do poder econômico, social ou político na vida da *polis* serão, por natureza, uma comunicação política.

Salientando a legitimidade do campo por contar com uma reconhecida tradição de pesquisas, é necessário refletir, agora, sobre o processo da comunicação política, suas dimensões e concepções, em busca da compreensão de como a comunicação pública se insere nesse contexto. Por considerar a comunicação governamental como uma das formas de comunicação pública, este capítulo procura verificar as possíveis articulações entre a comunicação política, a comunicação pública e o capital social. Mas nem tudo é comunicação e nem tudo é política, como lembra Wolton (1989). A política se torna comunicação por sua própria natureza, transformando-se em recorrente objeto de debate e conversação. É preciso, então, fazer uma distinção entre a comunicação política e os fenômenos de comunicação que estão em torno da política. Ela não pode se referir à totalidade dos discursos ligados ao jogo do poder e, se assim fosse, sua definição seria muito ampla, não teria capacidade discriminatória. Como vimos no Capítulo 2, existem várias diferenças entre a participação política (que visa influir diretamente no poder político) e a participação cívica (voltada para a construção da autonomia pública e da cidadania).

O processo de comunicação política em quatro concepções

Gerstlé (2005) propõe uma abordagem do processo de comunicação política baseada em três concepções: a *instrumental*, a *ecumênica* e a *competitiva*, às quais acrescento a *deliberativa*, ligada à possibilidade de indicar o lugar e as finalidades que envolvem os agentes sociais na comunicação pública. Essas abordagens não são excludentes nem pensadas de modo evolutivo.

A concepção *instrumental* entende a comunicação política como um conjunto de técnicas usadas por políticos e governantes para seduzir e manipular a opinião pública. Nesse eixo também podem ser incluídas a comunicação governamental e sua estratégia recorrente de abordar a sociedade pela via da propaganda ideológica e/ou institucional; nesse caso, as fronteiras nem sempre são de fácil delimitação.

No eixo instrumental é possível perceber duas funções: a educativa/cultural e a função do marketing político, preconizada pela noção de difusão pública até a metade do século XX, por sua natureza de regulamentação e controle. Também podem ser considerados instrumentais as experiências históricas do nazifascismo na Europa, os regimes populistas e, mais tarde, as ditaduras militares na América Latina (Matos, 2004).

O final do período militar colocou em evidência o potencial de organização da sociedade e as ações das comunidades de base, o fortalecimento do movimento sindical, e a consequente criação do Partido dos Trabalhadores, e, ainda, a grande mobilização do movimento das Diretas Já; até mesmo a atuação dos conselhos de regulação de direitos (de minorias) foi revelando as condições para a emergência de uma nova comunicação pública.

No entanto, as estratégias do marketing político emergiram para despertar, no consumidor real e/ou potencial do mercado político-eleitoral, expectativas e desejos com relação aos atributos e potencialidades esperados dos candidatos aos cargos eletivos e dos governantes em atuação.

A concepção *ecumênica* de comunicação política relaciona-se a um processo interativo, incluindo a troca de informações entre atores políticos, a mídia e o público. Configura-se como uma representação sistêmica, característica do funcionalismo. O que conta é a circulação de informações entre os atores envolvidos, independentemente das forças sociais e da cultura política que permeia o ambiente.

Há nessa concepção uma indeterminação associada com a natureza da informação transmitida pelos agentes políticos. Além da questão legal e convencional que envolve a mensagem e o contexto da fala, outros bens simbólicos entram em disputa no espaço público político: imagens, representações e preferências.

Dessa forma, a interpretação dessa modalidade de comunicação política exige mais do que compreender a dinâmica do intercâmbio entre os atores. Gerstlé (2005) dá um exemplo: um pronunciamento do presidente e um movimento grevista, além do intercâmbio de mensagens, não podem prescindir da análise dos impactos dessas mesmas mensagens em diferentes atores e segmentos do mercado político.

Assim, é necessário estabelecer distinções entre os canais institucionais, envolvendo o parlamento e a administração pública, os canais organizacionais, incluindo partidos, movimentos e forças organizadas, os canais midiáticos, com a participação da mídia de massa, inclusive aquela presente no espaço da internet, e os canais interpessoais, constituídos pelos grupos sociais e as relações entre indivíduos. O capital social tem sua formação assegurada na confluência desses canais e na aproximação e negociação dos interesses em jogo.

Embora a multiplicação e a variedade de fontes tenham contribuído para reforçar as disputas no mercado de informação e comunicação, continuam sendo possíveis a produção e disseminação de mensagens de natureza pública e o envolvimento da sociedade em todas as etapas da comunicação pública.

Wolton (1989, p. 31) considera a comunicação política como o "espaço no qual se trocam discursos contraditórios entre os três atores que têm legitimidade para se expressar publicamente sobre a política: políticos, jornalistas e opinião pública – via pesquisas". Tal conceito é duramente criticado por Gerstlé (2005), pela sua natureza "elitista" e por desconsiderar a legitimidade de outras vozes, não institucionalizadas ou que estejam fora do controle da mídia e das pesquisas de opinião.

Surge novamente, por meio do conceito de comunicação política, a possibilidade de agregar uma reflexão para a busca do entendimento da comunicação pública. Assim, procuro elucidar as relações que se estabelecem entre o debate público e o processo de tomada de decisões políticas, salientando que não é possível ignorar as especificidades da mídia e das novas sociabilidades, decorrentes, por exemplo, das tecnologias da comunicação e da informação.

A concepção *competitiva* da comunicação política se apoia no embate para influenciar e controlar, por meio da mídia, as percepções públicas dos acontecimentos políticos. Passa-se, assim, da troca indeterminada de mensagens para a competição explícita pelo controle das representações políticas. Nesse contexto, a mídia entra em cena, tendo como elementos centrais os aspectos cognitivos e simbólicos.

Blumler (1990) afirma que o impacto da mídia tem sido maior na cognição do que nas atitudes, e que estas seriam o resultado de um aprendizado gradual por meio de práticas e de novas maneiras de ver o mundo. No entanto, sua contribuição mais significativa está na afirmação de que "a mídia está sendo considerada como parte do conjunto – e não acima dele – das forças do poder, sujeita a outros poderes. Para determinar que versões da realidade são aceitáveis numa base mais ampla, para moldar os valores da sociedade" (p. 114). Declara, ainda, que o processo moderno de comunicação política poderia ser comparado com a força quase irresistível de um ímã, obrigando todos aqueles que entram no seu campo de ação a se adaptarem. Ou seja, o processo não só altera a recepção das mensagens, os temas e os termos usados no embate político como também é capaz de influir nas perspectivas e escolhas dos cidadãos.

Diante do exposto, é preciso considerar que a abordagem competitiva (que ressalta a centralidade da mídia e o controle das representações políticas) não exclui a cognição no estabelecimento da opinião e a presença do cidadão no debate público.

No entanto, é a concepção *deliberativa* que viabiliza a proposição de Blumler, incluindo a participação no debate num espaço público ampliado: a mídia de massa não deixa de ser considerada no processo de formação das opiniões políticas. Contudo, segundo a teoria da deliberação, é por meio do debate coletivo que se criam as condições para uma democracia ampliada, em que a participação dos cidadãos (independentemente dos critérios de sexo, nacionalidade, raça, religião e idade) permite a formação de um autêntico espaço público. De acordo com Hannah Arendt (1987), a noção de espaço público tem origem num ideal intuitivo de associação democrática, na qual a justificativa das condições associativas tem origem numa argumentação pública entre cidadãos iguais.

As concepções deliberativas da democracia baseiam-se no princípio de que as decisões que afetam o bem-estar de uma coletividade devem ser o resultado de um procedimento de troca argumentativa livre e razoável entre cidadãos considerados iguais moral e politicamente (Benhabib, 1996). Nesse sentido, o "interesse comum" aparece como resultado de um processo de deliberação coletiva e é condição necessária para a legitimidade do exercício do poder e da racionalidade na tomada de decisões políticas – não apenas quanto ao voto, durante o processo eleitoral, mas de forma contínua e ampliada, ou seja, envolvendo as decisões que afetam a vida dos indivíduos.

Os ideais do modelo deliberativo de democracia parecem "viáveis" apenas em pequena escala espacial e temporal. No entanto, diversos autores (Avritzer, 1996; Gomes e Maia, 2008; Cohen, 1990) têm contestado a ideia de que formas mais complexas de administração poderiam manter-se sem a participação ativa e argumentativa dos cidadãos. Esses autores afirmam que é possível, de um lado, reconhecer a complexidade dos problemas atualmente em debate nas diferentes sociedades e a multiplicidade de perspectivas e demandas dos participantes desse debate; de outro lado, mesmo tendo de lidar com uma vasta pluralidade de interesses, tais autores acreditam que é possível que os cidadãos construam sua autonomia pública e política por meio do desenvolvimento de suas habilidades comunicativas e racionais, em um processo cooperativo de busca do entendimento das diferentes nuanças do problema em questão.

As transformações sociais decorrentes, dentre outros fatores, da nova economia tiveram também impactos significativos nas formas de intervenção da sociedade organizada – movimentos sociais, ONGs e grupos sociais –, com uma pluralidade de interesses e demandas. Estas últimas, além de reduzirem o nível de tensão entre os interesses de públicos diversificados, passaram a ser consideradas, pelas instituições e corporações, como elementos com potencial para agregar valor à marca, o que pode ser observado pelo crescimento do envolvimento em programas de responsabilidade social – seja com caráter mercadológico, institucional ou financeiro, seja como resposta às ações reivindicatórias dos grupos de interesse da causa que está em pauta.

Essas questões, mesmo sendo resultantes de debates segmentados, ao longo do tempo obtiveram visibilidade na mídia, graças ao trabalho das assessorias de comunicação organizacional, envolvendo a vinculação a anúncios institucionais, a divulgação de balanços (financeiros e sociais), atendendo a parte das exigências do público, e, para conter as novas pautas, a criação de editorias e publicações especializadas no terceiro setor e em temas relacionados com a responsabilidade social. E, ainda, apoiadas pela legislação que regula os investimentos na cultura, as empresas, privadas e estatais, passaram a investir pesadamente em programas esportivos e culturais, assumindo funções antes exclusivas do Estado.

É nesse contexto que são criadas as condições para o ressurgimento do conceito de comunicação pública, seja no formato de jornalismo de serviço (principalmente no rádio ou em programas de TV locais ou regionais), seja em redes educativas e/ou culturais, segundo a proposta de jornalismo público.[23] Mas é importante salientar que a comunicação pública depende de outras especificidades, as quais não estão unicamente presentes nas políticas públicas de comunicação. Tais especificidades estão ligadas à qualidade das interações nas redes sociais que participam da constituição tanto da comunicação pública quanto do capital social, por meio da reciprocidade, das interações e de buscas cooperativas de resultados que tragam ganhos coletivos. Para Tremblay (1981, *apud* Gerstlé, 2005), algumas características no interior da rede social podem implementar uma estrutura hierarquizada de comunicação; são exemplos dessas características: os recursos de informação distribuídos de modo desigual; o interesse de intercâmbio entre os participantes; a existência de um controle na distribuição da informação do ponto de vista do acesso à informação e da capacidade de armazená-la e de utilizá-la segundo critérios de oportunidade econômica, política ou social.

Resta-nos indagar se a comunicação pública está incluída na comunicação política: se toda comunicação pública for política, isso não significa que toda comunicação política será pública. Do ponto de vista dos atores, da origem e do destino dos temas abordados e do interesse dos agentes, dos benefícios e custos envolvidos nas medidas adotadas e dos próprios processos e estratégias de relações, a comunicação política é mais ampla que a comunicação pública.

A comunicação política (e a pública como pertencente a ela) poderia ser a efetivação de um contrato social que zelasse pelo compromisso com certos valores cívicos de convivência, com a memória e a confirmação das regras do jogo. A questão a ser respondida é: cabe à comunicação pública produzir uma cultura cívica que institua o engajamento e a participação política ou deve-se esperar isso da comunicação política não pública?

A meu ver, a comunicação pública é também um tipo específico de comunicação política: o poder, os interesses, os temas, os benefícios, os custos, os processos (engajamento e participação), os suportes, tudo isso se refere a todos os atores sociais. Se isso parece ser muito amplo por um lado (a universalidade do acesso), do ponto de vista político é restritivo: trata-se de privilegiar o interesse público.

Dos vários conceitos propostos sobre comunicação política que podem ajudar no entendimento da comunicação pública, reafirmo que o poder é a arena comum aos dois conceitos, embora os interesses envolvidos nem sempre entrem em convergência. Dentre as dimensões propostas para a análise da comunicação política por Gerstlé (2005) e Maia (2004), a visão deliberativa considera o debate coletivo como condição necessária para a legitimidade do exercício do poder e da racionalidade na tomada de decisões políticas.

Nesse sentido, a comunicação política vai além da comunicação governamental, comunicação eleitoral ou marketing político. Vale mencionar que a comunicação pública se articula com a comunicação política na esfera pública, como local de interação social de todos os agentes e interesses envolvidos. Nessa esfera, transitam recursos humanos (cidadãos, políticos, eleitores), físicos (suporte da comunicação massiva, tecnologias interativas e convergentes), econômicos (capital, ativos em geral), comunicacionais (discursos, debates, diálogos estruturados dentro e fora da mídia massiva e recursos interativos). A questão central é saber, levando-se em conta essa esfera de relações, o que se busca e o que é obtido: o poder está sempre em jogo, mas só os temas e interesses comuns dizem respeito à comunicação pública.

Comunicação pública e esfera pública: a construção de processos cooperativos entre diferentes atores

Embora marcado por várias orientações, o conceito de *comunicação pública* é indissociável dos agentes envolvidos no processo comunicacional. Se historicamente este ou aquele agente possam ter se confundido com o processo mesmo da comunicação pública, como foi e continua sendo o caso do governo e da mídia, é preciso superar esse estágio com a proposição de um novo paradigma: a comunicação pública exige a participação da sociedade e de seus segmentos; não apenas como receptores da comunicação proveniente do governo e de seus poderes, mas também como produtores ativos do processo.

Este inclui, portanto, o terceiro setor, a mídia e o mercado como agentes e instâncias institucionais, mas deve incluir igualmente os outros agentes – estejam eles vinculados ou não a instituições ou associações formais.

A maneira de contornar essa exigência de participação universal seria invocar o sistema representativo, em que agentes representantes se tornam porta-vozes de outros agentes, poupando-lhes uma participação direta. Ao soar interessante, essa proposta põe em risco o cerne da comunicação pública, pois a participação indireta não é necessariamente sinônimo de acolhimento de demandas sociais, nem no que se refere ao debate, nem à negociação, nem à tomada de decisões.

Se cabe ao Estado (como instância normativa e de controle da comunicação pública) a missão de convocar os agentes para que participem, resta ainda a tarefa de caracterizar os espaços em que se formaliza essa participação, a esfera pública. Esta última apresenta-se quando diferentes agentes sociais se reúnem para discutir e efetivar sua participação no processo de comunicação pública. O desafio está em viabilizar a esfera pública ampla, isto é, implementar vias materiais e imateriais para a troca de informações que sejam, ao mesmo tempo, acessíveis e universais. Esse processo não deveria incluir apenas os suportes tecnológicos e midiáticos, mas também outros suportes compatíveis e abertos ao ambiente da comunicação pública.

Todavia, o reconhecimento da esfera pública como *locus* de expressão exige, por antecipação, a interiorização dos direitos do cidadão – entendidos segundo prismas diferentes. Por exemplo: a capacidade do agente de reconhecer-se como participante social, de elaborar uma posição própria e expressar-se de forma a valorizar a sua posição (e a de seu grupo de referência). Um cidadão que não acredite ter o direito de participar de conversações e discussões públicas, que não valorize o que tem a dizer e que se sinta incapaz de comunicar isso aos outros de forma adequada dificilmente terá condições de integrar a rede social da comunicação pública (ver Capítulo 2).

Miège (1996, pp. 28-9) observa que "a comunicação pública parece ser não somente um fator de mudança para a administração pública, mas também um meio de modificar o comportamento do público e suas atitudes, e de envolvê-lo em novas tarefas que exijam sua adesão, a ponto de ela aparecer como substituta da confrontação face a face com os cidadãos". Assim, mesmo uma pequena empresa ou um indivíduo com baixa escolaridade podem ser participantes da esfera pública, desde que se sintam convencidos de sua importância e do valor de sua participação. Não se trata apenas de visibilidade midiática, que é o objetivo de muitos agentes que vivenciam a sociedade do espetáculo.[24]

Todavia, a universalização dos canais físicos de troca de informações não garante, necessariamente, nem a visibilidade nem o debate dos assuntos de real interesse público. O silêncio (não participação) de uma infinidade de agentes (em virtude de problemas de acesso e do não reconhecimento de sua capacidade de se expressar) pode ocorrer mesmo com a criação de espaços de expressão de ideias e opiniões nas esferas públicas externas.

O problema preponderante consiste no fato de que os meios de comunicação de massa são os principais locais de intercâmbio de informações públicas da atualidade (Bruck e Raboy, 1989) a despeito de constituírem verdadeiros "campos de batalha", formatados em função de regras de mercado, o que leva à limitação da participação e à espetacularização do debate. E *"não há espaço público sem regras e sem respeito a certos princípios de interesse público"* (Wolton, 1991, p. 5). Assim, a comunicação pública parece estar sendo vista como um discurso estranho ao conteúdo geral da mídia de massa, o qual precisa passar por um processo de decodificação específica. Por isso, o discurso que engloba informações de utilidade pública é tomado como algo "em separado" nas relações comunicativas entre governo e cidadão. De um lado estaria o discurso do Estado, uma comunicação oficial, informativa ou persuasiva; de outro, ficariam as informações incorporadas ao universo geral da mídia, informações sintetizadas, recortadas e colocadas em um espaço de entretenimento.

Seria preciso, assim, estipular critérios objetivos para definir o interesse e a utilidade das informações trocadas pelos agentes. Do contrário, o debate público corre o risco de privilegiar questões que representem o interesse de um ou mais públicos específicos, desvirtuando, na origem, qualquer utilidade que se queira pública.

Essa dificuldade pode ser ilustrada pela discussão acerca das rádios comunitárias no Brasil. Sua natureza é indiscutivelmente associada às questões apresentadas pelas comunidades envolvidas. No entanto, uma série de distorções tem dificultado a abordagem de temas significativos para a vida social, em detrimento de questões relacionadas ao jogo político e à apropriação dos canais por agentes sociais que não representam o grupo em questão.

A necessária definição de parâmetros teria um duplo objetivo: o primeiro tem a ver com a definição do conteúdo das discussões; o segundo está ligado ao enquadramento dos debates. Critérios de interesse e utilidade pública devem orientar a escolha dos temas e assuntos a serem debatidos, mas também a condução e o enfoque do debate.

Orientar o debate nos canais disponíveis para a expressão da comunicação pública deve ser o contrário de influenciá-lo. E eis outro desafio da comunicação pública: como estipular procedimentos que garantam e preservem a liberdade de expressão, capazes ao mesmo tempo de orientar o debate segundo e para o interesse e a utilidade públicos?

A definição de critérios objetivos serviria, por exemplo, para balizar o trabalho dos comunicadores públicos e o dos analistas de conjuntura – já que o processamento e a análise dos dados referentes aos espaços de escuta e recepção das demandas (sua interpretação ou decodificação) são funções atribuídas ao comunicador público.

A contribuição de Pierre Zémor (2005) para a normatização da comunicação pública é inegável. Segundo ele, é necessário sair dos domínios do governo, deixando que o Estado e também a sociedade assumam a responsabilidade da comunicação pública. Assim, a inclusão da comunicação na ação pública é um critério da democracia: a boa comunicação de instituições públicas requer transparência, qualidade nos serviços oferecidos e respeito ao diálogo.

Um conceito de cidadania que inclua a participação ativa no jogo político é fundamental para que a democracia não se limite ao processo eleitoral, e o estado de direito não se restrinja à divisão nominal entre os três poderes (Melo, 1998). O Estado democrático é aquele que legitima o conflito de interesses e, debatendo sobre interesses e necessidades particulares, cria "direitos universais" reconhecidos formalmente.

Como vimos até aqui, a lógica dos meios de comunicação não favorece especialmente uma maior inclusão de cidadãos no *debate político* real, nem o desenvolvimento da democracia. Pode ser que esses meios estejam mais inseridos na dinâmica contemporânea do que a prática política democrática, mas temas como "poder do Estado", "políticas nacionais" ou "interesses de classe" ainda são próximos a nós, assim como os próprios mecanismos democráticos. No entanto, os conceitos que envolvem esses debates e essas práticas parecem não despertar mais a mesma atenção (Dahlgren, 1995).

Para dar destaque a esses conceitos, será necessário sair da esfera da recepção e ampliar o espaço público: tem-se dado muita atenção à recepção, à opinião de quem *recebe, vê e escuta a informação*. Mas pouco se tem atentado para o diálogo e os processos de interação social. O "público" deveria ser definido como algo além dos espectadores da mídia. Para que um espaço público exista, é preciso haver uma interação entre cidadãos. O uso do termo "público" talvez seja inadequado quando se pensa no aprimoramento da vivência democrática, já que o vocábulo está, neste momento, muito ligado a "espectadores", "audiência". É preciso mudar essa perspectiva passiva, indo de "ouvintes" a "cidadãos", e certos fenômenos devem ser levados em consideração.

O envolvimento político que poderia corresponder a uma "cidadania ativa" vem se mostrando mais enraizado nas práticas cotidianas:

são evidenciadas questões ligadas a sexualidade, cultura, estilo de vida, relações domésticas, de vizinhança ou de trabalho... Os temas mais abrangentes têm sido dominados pelas questões transnacionais (notadamente as de fundo ecológico). "*A política se torna mais uma sensibilidade do que um conjunto de instituições*" (Dahlgren, 1995, p. 7).

Ligado a esse fenômeno se encontra outro: o da *representatividade pública emergente, com o surgimento de milhares de organizações locais, regionais, nacionais e internacionais* (Genro, 1996) voltadas para interesses particulares, específicos – demandas comunitárias ou regionais, auxílio a vítimas de determinada doença, a causa dos sem-terra, dos sem-teto, a proteção ambiental etc. Dentro ou fora das instituições públicas, esse movimento assume uma nova forma de representatividade, acompanhada de uma nova concepção de cidadania e uma nova cultura (ou "sensibilidade") política. Essas organizações estão formando uma nova esfera pública, não estatal, e vêm mediando os interesses de parcelas de cidadãos de forma independente em relação ao Estado. Mas é impossível não se remeter reiteradamente ao Estado caso se queira interferir na vida pública. Assim, se houvesse canais de comunicação constantemente abertos entre essas duas fontes de representatividade paralelas, o ganho formal e funcional para o sistema democrático seria incalculável.

Poderia ser feita a seguinte afirmação, em contraposição: "mas há transparência, as informações pertinentes já estão aí, à disposição do público em geral". No entanto, graças à participação decisiva da mídia e às próprias particularidades do material existente ao alcance dos que queiram informar-se, temos acesso, na maioria das vezes, apenas à decisão tomada em seus trâmites formais, ou à decisão em discussão, apresentada com poucas nuanças pelos meios de comunicação, com a posição "correta" a ser tomada já processada e veiculada aos espectadores, que, como já se disse aqui, não se constituem verdadeiramente em um "público" cidadão e participativo. É o conflito, base do debate e da democracia, que deveria ser apresentado para uma real legitimação da decisão e, principalmente, para a realização plena dos ideais e funções democráticas das instituições administrativas.

Considero que uma compreensão mais complexa da comunicação pública deve ser construída, considerando-a não só como ação isolada do governo, das organizações ou da mídia, mas como resultado da força das redes sociais, em que a confiança e a continuidade das interações entre os agentes sociais podem oferecer a possibilidade de uma interação contínua e rica entre o Estado e a sociedade. Essa via permitiria à comunicação pública avançar por um caminho próprio, sem necessidade de recorrer aos estudos de comunicação política para sair de seu impasse. Enfim, argumento que os estudos sobre o capital social têm muito a oferecer ao estudo da comunicação pública, mesmo em relação ao tema do impacto da tecnologia sobre seus fenômenos. O capital social, entendido como engajamento cívico, no sentido de cooperação e participação, deformação de uma cultura associativa e da promoção de relações de confiança e reciprocidade (Matos, 2007a), é mesmo a causa, e paradoxalmente também a consequência, da comunicação pública – esse tipo muito exigente e "restritivo" de comunicação política.

Segundo essa perspectiva, torna-se de extrema relevância o ato de buscar os vínculos entre comunicação pública e capital social, uma vez que o capital social não é substituto de uma política pública efetiva, mas um pré-requisito e, em parte, uma consequência dela (Putnam, 2001a, p. 102). A existência de comunicação é um fator necessário à criação do capital social, mas não suficiente. O capital social é produto de um tipo particular de comunicação: somente uma comunicação comprometida com o interesse coletivo (na origem) e com o benefício público (como meta), que pressuponha a acessibilidade, a participação, a negociação, a tomada universal e conjunta de decisões (como regras processuais) e que implique a abertura, a transparência, a visibilidade, a livre expressão, o respeito ao pluralismo e a interatividade (como normas deontológicas) poderá gerar capital social. Vale lembrar que estamos nos referindo à criação de um capital social que, justamente por herdar a carga genética da comunicação pública assim caracterizada, estará ligado à busca de objetivos comuns, que gerem benefícios mútuos (Matos, 2007).

A diretriz da comunicação pública deveria ser acrescida dessa interpenetração entre os conceitos de esfera pública e capital social.

Se todos os agentes participarem do debate das questões de interesse e utilidade comum, se essa participação for possível pela existência de uma infraestrutura que materialize a esfera pública, se esses agentes se sentirem aptos e motivados a participarem graças à cultura de valorização de seu papel social, se os critérios de instituição e processo do debate forem claros e equitativos, então será possível preencher os requisitos mínimos para o reconhecimento da *comunicação pública*.

E são essas as condições para o intercâmbio social produtivo, que ocorre quando todos estão preparados para falar e ouvir sobre assuntos publicamente relevantes, com acesso e regras equânimes. Esse fluxo de informações que alimenta a comunicação pública estabelece um nexo social significativo, base da promoção de respeito e confiança mútuos. Essa rede social de interações informativas, ao gerar o debate e a tomada de decisões, e que em função disso promove valores que aumentam a coesão social, aproxima a prática da comunicação pública do conceito de capital social.

Embora a existência prévia do capital social viabilize que se pense em comunicação pública conforme o que foi discutido neste capítulo (pois a valorização dos cidadãos e da cidadania é seu pressuposto), não pode haver capital social sem alguma comunicação pública que o possibilite. Nesse sentido, um conceito está intrinsecamente articulado ao outro. A comunicação pública é (e o capital social também é) uma ação coletiva sobre questões de interesse público, cujo objetivo é a tomada de decisões para benefício geral.

Desse modo, a comunicação pública parece criar o ambiente de intercâmbio no qual o capital social floresce. Valores como solidariedade, lealdade e confiança estão na base do capital social, mas não necessariamente da comunicação pública. Porém, se ela corresponder à proposta que vislumbro implementar, conforme argumentado, será evidente sua contribuição como base de instâncias do capital social que só a ele pertencem. Feitas certas ressalvas às especificidades de cada caso, importa salientar que ambas partilham um campo comum.

4. O capital social e as tecnologias de informação e comunicação

Quando surgiu a televisão, havia uma expectativa de que o novo meio propiciaria o crescimento do engajamento cívico e da consciência política dos cidadãos. Pela primeira vez na história, todos os cidadãos poderiam ter a mesma oportunidade de testemunhar fatos políticos relevantes e de acompanhar os debates no parlamento (Hooghe, 2002).

Mais de meio século depois, a tendência mudou: a disseminação da TV passou a ser vista como causa do declínio da vida pública e da coesão social. Putnam (1995a) considera a TV como a chave para o entendimento da erosão gradual do capital social na sociedade americana. Atualmente, é a internet que alimenta o debate acerca das possíveis relações entre as novas tecnologias de informação e comunicação (TICs) e o declínio do capital social.

Analisando as posições assumidas por Putnam quanto ao consumo de TV como uma das causas do declínio do capital social (ver o Capítulo 1 deste livro), Wilson Gomes (2008, p. 251) considera que:

É preciso somar à televisão um outro conjunto de entretenimentos eletrônicos que competem pelo nosso tempo livre. À televisão como indústria e fornecedora de entretenimento se junta a televisão como eletrodoméstico (o que a torna comparável ao gravador de vídeo e aos *games*). Adicionando-se a isso a internet e os computadores – que depois serão vistos como uma das esperanças do renascimento das redes cívicas –, estende-se o "tempo de tela" (*screen time*) que nos prende em casa.

E a questão passa a ser a seguinte: como estabelecer a diferença de comportamento social entre o tempo de tela de TV e o tempo de tela de computador, uma vez que a convergência tecnológica aumenta cada vez mais o acesso a notícias, entretenimento, filmes, tanto na TV quanto na internet?

Contudo, não pretendo aprofundar essa questão, e sim discutir a relação entre o capital social e o uso da internet, baseando-me especialmente em duas pesquisas (Wellman *et al.*, 2001; Uslaner, 2000) que se dedicaram a avaliar se o uso da internet poderia ser responsabilizado pelo grau de socialização e pela queda da confiança e do engajamento cívico dos internautas – além da relação dessas tendências com o capital social. O ponto de partida desses estudos foi indagar se seria possível alimentar a confiança nas relações sociais e comunicativas numa rede social, além das relações interpessoais restritas.

Baseando-se no estudo de Gary Steiner, Putnam (2000) vê as relações mediadas por dispositivos técnicos como uma forma de induzir a privatização do tempo livre, diminuindo os contatos interpessoais diretos. Segundo ele, a "internet é assim percebida como um espaço de simulação da maior parte das formas clássicas de conectividade social e de engajamento cívico, não sendo capaz de criar os mesmos benefícios produzidos pelo capital social nas relações face a face" (p. 170).

Nesse sentido, em relação à internet, Putnam (2002b, p. 297) considera os americanos tecnologicamente avançados e, em contrapartida, socialmente mais isolados, uma vez que tendem a ser menos comprometidos em termos cívicos quando comparados com indivíduos que integram outras sociedades e que buscam informações políticas em jornais, no rádio e na TV.

Em dado momento, Putnam questiona a possibilidade de a internet se converter em um meio ativo e social, ou ser apenas um entretenimento passivo. Dados preliminares de uma pesquisa de 1999 indicam que 42% dos usuários da internet afirmaram ver menos TV, enquanto 19% admitiram ler menos revistas e 16% disseram ler menos jornais (Kraut *et al.*, *apud* Putnam, 2002b, p. 688). No entanto, o autor declara: "Isso não prova que a rede seja socialmente desmotivadora".

Putnam lembra que, quando a internet alcançou 10% dos americanos, em 1996, o declínio da vinculação social e do engajamento cívico na América já tinha, pelo menos, 25 anos de existência. Assim, não se poderia afirmar que as relações sociais simplesmente se deslocaram do espaço físico para o virtual. Para ele, "a internet poderia fazer parte da solução do problema cívico ou ainda exacerbá-lo, mas a revolução cibernética não o provocou" (2002b, p. 227). Mais adiante, declara ainda ser cedo para avaliar os efeitos sociais da internet a longo prazo.

Afinal, quais seriam os efeitos (se existirem) das TICs sobre os vínculos sociais e o engajamento cívico? Tanto a história do telefone, da televisão como os primeiros dados sobre o uso da internet constituem um indício de que a comunicação mediada pelo computador acabará complementando (e não substituindo) as interações face a face.

As pesquisas norte-americanas (e, em menor escala, as europeias) têm abordado a noção de capital social de duas formas: privilegiando a comunicação interpessoal e a atividade relacional ou dando ênfase à participação dos indivíduos na vida da cidade e ao engajamento cívico. A maior parte dessas pesquisas procura esclarecer o uso das TICs e da internet como forma de estímulo ou de restrição ao capital social. Enquanto Lin, Burt e Cook (2001) admitem que a internet contribuiu para o crescimento do capital social, Borgatti, Jones e Everett (1998) e Wellman *et al.* (2001) demonstram como ela vem transformando a estrutura dos relacionamentos entre indivíduos que estão distantes. Autores como Hampton e Wellman (1999) e Horrigan (2001) afirmam que os laços assim criados são mais eletivos e fundados em comunidades de interesses; por outro lado, Uslaner (2000) acredita que a internet nem cria nem destrói capital social.

As relações entre capital social e internet

Para Quan-Haase e Wellman (2002), os efeitos da internet sobre o capital social podem ser conceituados de diferentes formas, destacando-se três possibilidades: a) a internet transformaria o capital social; b) a internet diminuiria o capital social; c) a internet suplementaria o capital social. A seguir, examinarei mais detidamente cada uma dessas possibilidades.

A internet *transformaria o capital social* ao restabelecer, devido à sua ampla difusão (pelo baixo custo e pela facilidade de uso), um senso de comunidade pelo fato de conectar amigos e prover fontes de informação a respeito de uma ampla variedade de assuntos. Indivíduos bem informados que integrassem densas redes cívicas tenderiam a aumentar sua participação política e a participar de organizações sociais (Rojas, 2006). Conduzindo a novas formas de comunidade, a internet proveria um espaço de encontro de pessoas com interesses comuns, independentemente de noções como local, horário, situação econômica, religião e raça. Assim, o desengajamento observado por Putnam poderia ser, antes, apenas a migração do engajamento, de comunidades físicas e tradicionais para comunidades virtuais e com novos moldes.

Alguns fatores contribuem para que a internet ofereça um meio a mais de comunicação para comunidades com interesses comuns. Além dos baixos custos de aquisição do computador e das facilidades proporcionadas por seu uso assincrônico, a internet leva à uma transformação no contato social e no envolvimento cívico, permitindo ao indivíduo agregar-se às redes sociais dispersas e estimulando a adesão a movimentos de solidariedade local e grupal.

Wellman *et al.* (2001) sugerem que a esfera digital conduzirá a novas formas de comunidade por prover um espaço de reunião de pessoas com interesses comuns, ultrapassando limitações de espaço e tempo ou referentes ao nível econômico, ao nível cultural e à etnia.

Putnam observa que o declínio da participação organizacional pode não refletir o desengajamento da comunidade. Ele mostra, pelo contrário, que a comunidade está sendo permeada por redes digitais, em vez de grupos com proximidade física e tradicional. Em suma, apesar de essa ser uma posição controversa, estaria havendo uma migração da participação comunitária no espaço público convencional para o espaço público virtual (o ciberespaço) (Quan-Haase e Wellman, 2002).

Uslaner (2000) declara que a internet não apenas provê uma nova esfera de comunicação, mas também ajuda a estabelecer novas relações sociais, que seriam continuadas off-line, criando uma interação entre o on-line e o off-line.

Evidências do estímulo por parte da internet ao aumento do contato social vêm de um estudo etnográfico de uma nova área residencial (NetVille), equipada com acesso por meio de banda larga, no subúrbio de Toronto. O estudo mostra que, graças especialmente à internet (mas não exclusivamente), as pessoas se relacionaram mais com seus vizinhos. Não apenas conheceram mais vizinhos como também usaram a internet para se relacionar com amigos próximos e distantes. Os residentes tornaram-se "glocalizados", ou seja, envolvidos tanto localmente quanto com indivíduos de outras regiões nacionais e/ou internacionais. A internet ajudou a promover o encontro entre pessoas por meios da troca de mensagens na área residencial, e foi usada como ferramenta de organização e mobilização (Hampton e Wellman, 1999).

É preciso, entretanto, ter cautela com relação ao pretenso potencial da internet para transformar o capital social. Os usos das TICs, sejam domésticos, sejam profissionais, não se dão no vácuo,

Capital social e comunicação

mas se inserem nas relações de poder que atravessam as estruturas sociais, sendo as formas de dominação mais ou menos pronunciadas e moduláveis, de acordo com a cultura política de determinado grupo social ou coletividade (Jouet, 2000). Quanto ao caso dos Estados Unidos e da Europa, Norris e Davis (2003, p. 223) observaram que a internet não mobilizou grupos que eram anteriormente inativos (com exceção parcial dos jovens), mas, pelo contrário, reforçou as tendências preexistentes no que concerne à participação política.

A internet *diminuiria o capital social* ao afastar, por meio de sua capacidade de informar e entreter, as pessoas de sua família e dos amigos – lembro aqui que uma crítica semelhante foi feita à televisão (ver Capítulo 1). Nesse caso, a internet contribuiria para a redução do interesse da comunidade por questões políticas. Um estudo longitudinal (Uslaner, 2000) mostrou como usuários mais assíduos da internet veem decrescer seu contato social e aumentarem sua solidão e depressão.[25]

Segundo Uslaner (2000), a internet nem destrói nem cria capital social, já que na rede existem tantos indivíduos altruístas e inescrupulosos quanto na vida real. Ele assinala que nem toda atividade relacionada à internet é social ou cívica. De fato, ela é também orientada para a busca de informação ou divertimento solitários, o que poderia reduzir o contato face a face e mesmo telefônico entre as pessoas.

Alguns pesquisadores veem um paralelo entre os efeitos da TV e os da internet. Ambas as tecnologias afastariam as pessoas de seu ambiente imediato, alienando-as da interação social e do engajamento cívico. Entretanto, não se pode fazer uma comparação adequada entre uma rede de televisão e a internet: esta última é socialmente mais interativa, enquanto a TV é mais imersiva, ou seja, tende a exigir maior atenção e absorver mais o telespectador. Na internet, o envolvimento é, nesse sentido, menor.

A internet *suplementaria e ampliaria o capital social* ao se adicionar à configuração existente de comunicação e mídia, para facilitar as relações sociais correntes e os movimentos seguidos de engajamento cívico e socialização. Em resumo, a internet suplementaria o capital social aliando-se, por exemplo, ao contato telefônico e à relação face a face para reforçar e mesmo ampliar os contatos sociais e o envolvimento cívico preexistentes. Quando os internautas continuam mantendo seus hobbies e interesses políticos off-line, supõe-se que a internet possa contribuir para ampliar os padrões existentes de contato social e de envolvimento cívico.[26]

Wellman e Hogan (2006, p. 46) argumentam que a internet contribuiria para todas as formas de contato: interpessoal, intra e interorganizacional. Longe de distanciar as pessoas, ela favoreceria sua proximidade. Também acreditam que o uso de um meio levaria ao uso de outros: se mais pessoas se comunicarem usando pelo menos um dos meios, mais pessoas se comunicarão pela internet. Assim, comunicações mediadas tendem a aumentar a rede de relacionamentos.

Para esses autores, o individualismo na internet teria efeitos profundos sobre a coesão social. Mais do que fazer parte de uma hierarquia de grupos cada vez mais integrados, o indivíduo agora faz parte de comunidades múltiplas e parciais (p. 52). Apesar de as redes sociais serem menos densas, os laços sociais parecem ter aumentado. Isso resultaria em contatos interpessoais mais numerosos e frequentes do que antes. Em meio a essa mudança em direção ao individualismo das redes, é a natureza mesma da cidadania que muda.

Essa transformação teria começado antes da internet, mas a presença dela seria a responsável por acelerar e remodelar o processo. De qualquer forma, os efeitos da internet não seriam nem tecnologicamente determinados nem sociologicamente predestinados.

Stromer-Galley (*apud* Howard e Jones, 2004, p. 6) encontrou indícios da relação entre a familiaridade com o uso da internet e a propensão para votar on-line: de um lado, quanto mais gente usar a internet, maior será o número de pessoas dispostas a votar on-line; de outro lado, a familiaridade com a tecnologia parece ter pouca relação com o sentido de dever e os interesses políticos das pessoas. Logo, o uso do meio e a motivação para participar politicamente parecem estar desconectados; assim, a tecnologia parece ser mais eficaz para predispor as pessoas a aceitarem um processo on-line de votação do que propriamente para estabelecer um sentido de participação política por meio do voto.

Rice e Katz (*apud* Howard e Jones, 2004, p. 6) mostram como as pessoas têm usado a internet para enriquecer sua vida política: participando de grupos de discussão on-line, fazendo pesquisas sobre candidatos e opções políticas, e mesmo acompanhando o noticiário político.

Uso da internet: sociabilização e confiança

Uslaner (2000) é um dos pesquisadores que consideram as novas relações na internet como eletivas e fundadas numa comunidade de interesses e afetos. O autor aponta algumas dificuldades para dimensionar o atributo da confiança, que, para Putnam, é fundamental para que haja reciprocidade e engajamento cívico. Uslaner reconhece que podemos encarar a rede de duas maneiras: tanto como possibilidade de aproximação entre pessoas quanto como responsável pela diminuição do engajamento cívico e pela fragilização dos laços sociais.

Putnam (2000, pp.170-1), ao analisar as possíveis causas do declínio do capital social, mostra-se em dúvida quanto aos efeitos positivos ou negativos da internet, sendo que Uslaner parece assumir uma postura igualmente reticente. Eles concordam que, nos últimos anos, temos nos tornado menos confiantes, e que a participação do cidadão na vida pública tem estado cada vez mais contida. Contudo, segundo Uslaner (2000, p. 3), "há pouca sustentação no argumento de que a rede é a solução para as pessoas que não confiam nas outras nem há nenhuma evidência de que as pessoas que passam mais tempo on-line são mais predispostas a confiar nos outros". Ele conclui que, de certa forma, a internet, ao espelhar a vida real, seria, assim, semelhante a ela: nos dois ambientes as pessoas compram, leem o noticiário, planejam as férias e fazem contatos sociais, independentemente do grau de confiança nos produtos que adquirem e nas pessoas com as quais convivem.

Uslaner também observa que a questão entre o engajamento cívico, a confiança e a socialização é mal apresentada. Confiar numa pessoa externa ao círculo próximo significa confiar num estranho. Por outro lado, confiar no outro seria o resultado do compartilhamento de valores, e do aprendizado primeiramente sedimentado no ambiente familiar. A confiança é, sem dúvida, essencial para a vida civil e cooperativa, mas convive-se forçosamente com outras formas de socialização, tais como visitar amigos, ver televisão ou surfar na internet. Contudo, se compararmos as pesquisas da Pew International de 1998 e 2000, sobre a ligação entre o capital social e a internet, veremos que a pesquisa de 1998 apresenta boas questões sobre a internet e a socialização. Perguntou-se a dois mil americanos sobre seus hábitos on-line, suas redes sociais e seu nível de confiança interpessoal e no governo. Na pesquisa de 2000, os dados abordam o uso da internet, incluindo ações de solidariedade entre internautas e outras questões gerais que refletem o nível de confiança (mas a pesquisa não ofereceu medidas dos suportes sociais da rede). Nenhuma das duas pesquisas indagou sobre o engajamento em grupos e associações. Resumidamente, os dados obtidos nos dois levantamentos mostram que a internet é usada para a troca de e-mails, conseguir informações sobre saúde, fazer negócios e compras e entrar em contato com diversas formas de expressão de pontos de vista. A confiança parece não significar nada (ou muito pouco) nesse relacionamento virtual.

Por outro lado, alguns resultados dessas pesquisas revelam que os internautas estão mais inclinados a confiarem uns nos outros. A rede contém vários perfis de usuários: sociáveis, solitários interessados em expor e trocar opiniões, ou dispostos apenas a se informar – pesquisando determinados temas. No entanto, há poucas razões para esperar que as pessoas, permanecendo on-line, tenham sua confiança e sociabilidade aumentadas.

Há exceções ao padrão geral: as salas de bate-papo, por exemplo, oferecem a oportunidade de que pessoas com diferentes backgrounds se encontrem e aprendam a confiar umas nas outras. Existe uma tendência indicando que indivíduos que frequentam chats e fazem amigos na rede não são nem mais nem menos sociáveis do que os outros: também visitam a família e conversam com amigos fora da rede.

Recuero (2005) acredita que a conexão entre pessoas cuja comunicação é mediada pelo computador pode aumentar o senso de comunidade. Mas, ao evocar esse tipo de conexão, lembra que o surgimento das comunidades (virtuais) depende diretamente de como as pessoas utilizam as ferramentas (se de forma relacional ou não) e também da apropriação coletiva da tecnologia (p. 14). Sua conclusão é que a existência de uma rede permitindo que as pessoas se conectem (oferecida pelo Orkut e por blogs, por exemplo) não garante a constituição de laços sociais fortes, nem a criação e a sedimentação do capital social entre as pessoas que participam desse espaço coletivo.

É importante destacar que o uso do Orkut e do YouTube, por exemplo, tem tomado rumos inesperados, tanto do ponto de vista dos relacionamentos nas redes sociais como da apropriação dos fatos em primeira mão. O que tem ocorrido é que o indivíduo que registra o fato (com imagens, sons e relatos pessoais sobre um evento) passa a ser extremamente valorizado pela mídia, que "compra a informação", reconfigurando a relação do jornalista com o fato e com o público. Vale lembrar que pesquisas francesas têm discutido a especificidade do espaço público eletrônico: buscam saber se esses microgrupos se fundamentam num compartilhamento de afinidades eletivas e se limitam a uma troca imaterial ou se eles se baseiam no desejo da passagem de uma sociabilidade na internet para uma sociabilidade face a face, reintroduzindo a importância da proximidade espacial na construção das redes de relacionamento – sincrônicas (Skype, Messenger) ou assincrônicas (fóruns, e-mails, blogs), em espaços abertos (portais, páginas) ou relativamente fechados (Orkut, Joost).

A Web 2.0, que reúne as redes de relacionamento que foram citadas, é hoje analisada segundo o ponto de vista do impacto da convergência tecnológica na geração do conhecimento, na interatividade e no potencial democrático dessas novas interfaces – Orkut, blogs diversos, fóruns de discussão etc. Desse modo, a Web 2.0 "caracteriza-se por potencializar as formas de publicação, compartilhamento e organização de informações, além de ampliar os espaços para a interação entre os participantes do processo" (Primo, 2007, p. 1).

Não é tarefa fácil discutir o potencial da Web 2.0 para ampliar o capital social. A euforia das empresas que desenvolvem e/ou adotam as novas ferramentas da web para potencializar a produção do conhecimento e o envolvimento dos usuários nas redes sociais colaborativas está obscurecendo conceitos fundamentais para a compreensão das possibilidades de integração entre a Web 2.0 e o capital social. Este último pode ser, como vimos, o resultado do que acontece nas redes sociais (criação de vínculos de confiança, reciprocidade, colaboração, engajamento social e cívico), mas a web social pode não ser sinônimo de capital social. Para que redes sociais virtuais gerem capital social é preciso, primeiro, concebê-las como espaços relacionais.

> Uma rede social on-line não se forma pela simples conexão de terminais. Trata-se de um processo emergente que mantém sua

> existência através de interações entre os envolvidos. Esta proposta, porém, focar-se-á não nos participantes individuais, e sim no "entre" (interação = ação entre). Isto é, busca-se evitar uma visão polarizada da comunicação, que opõe emissão e recepção e foca-se em uma ou noutra instância. Uma rede social não pode ser explicada isolando-se suas partes ou por suas condições iniciais. Tampouco pode sua evolução ser prevista com exatidão. Os recursos e produtos desse tipo de rede são incorporados, gerados, transformados e movimentados através de ações intencionais ou não dos participantes. Por outro lado, isso não depende estritamente de determinado tipo de laço social ou que haja sempre uma interação conversacional contínua entre dois ou mais sujeitos. (Primo, 2007, p. 5)

O que mais chama atenção é a forte aposta, feita por inúmeros pesquisadores, no potencial colaborativo e dialógico dos ambientes virtuais da Web 2.0. É preciso ter certa cautela, contudo, durante o estudo da natureza do capital social gerado nesses ambientes. As particularidades das propostas de cada interface, somadas à natureza do vínculo social estabelecido entre os internautas, precisam ser avaliadas com cuidado, a fim de especificar quais são as reais contribuições que a Web 2.0 tem a oferecer para o fortalecimento de dinâmicas comunicativas que extrapolem e, ao mesmo tempo, complementem os ambientes informais e concretos da vida cotidiana.

Por fim, a internet tem levado a novas formas comunicacionais, com a utilização, por parte de seus usuários, das ferramentas de comunicação de maneira inédita, por exemplo, para a organização de manifestações cívicas e protestos. O uso de SMS (mensagens de texto) nos celulares tende a aumentar o contato social, pois se destina à produção de mensagens rápidas e até ao agendamento de encontros face a face. Podemos citar dois exemplos desse processo. No dia 13 de março de 2004, a população de Madri foi convocada para as manifestações que se seguiram a um atentado terrorista (Sampedro Blanco, 2005). No Brasil, o trágico acidente envolvendo um pouso malsucedido de um avião da TAM em 2007, antes mesmo de ser noticiado pela mídia, foi relatado por pessoas que estavam no local com o auxílio de mensagens de texto e fotos obtidas por meio de celulares.

Se considerarmos o quadro apresentado, perceberemos que não há substrato para afirmar que a internet produz efeitos positivos ou negativos com relação ao capital social. Mas, comumente, ela não é um reservatório pronto de capital social. Se, por um lado, não há evidência de que a internet esteja afastando as pessoas dos laços sociais tradicionais ou tornando-as menos confiantes, por outro, ela não se apresenta como ameaça ou panaceia para a sociedade civil e a sociabilidade.

Atores sociais, tecnologias de informação e comunicação e capital social

De modo geral, os autores assumem três posições com relação à conexão entre atores sociais, TICs e capital social. Principalmente entre autores franceses e canadenses (Proulx *et al.*, 2006; Tremblay, 1995; Hampton e Wellman, 1999), há o reconhecimento da existência de um espaço relacional e da importância de conhecer o seu uso social. Esses autores voltam-se para a apropriação da tecnologia e a mobilização dos diferentes meios de comunicação como indicadores da presença ou declínio do capital social.

Já os autores americanos abordam a questão prioritariamente de modo quantitativo para determinar o perfil médio e os dados demográficos do usuário da rede, encarando a questão da socialização e do capital social apenas com base em medidas de uso da rede (duração, frequência, número de interlocutores etc.) e comparando esses usos com outras formas de socialização.

Uma terceira abordagem procura relativizar os efeitos das TICs sobre o capital social, a confiança e o engajamento cívico. Wellman *et al.* (2001), por exemplo, consideram que a internet, além de uma tecnologia evolutiva que está constantemente se recriando, é também uma tecnologia social. Eles se recusam a aceitar o determinismo tecnológico acerca das tendências sociais implicadas pela internet, lembrando que o seu desenvolvimento tanto corresponde quanto responde às tendências sociais.

Em relação aos usos da internet, Wellman *et al.* (2001) e Uslaner (2000) consideram que nem todos eles são sociais. Ainda que o e-mail seja algo habitual, a internet torna-se cada vez mais uma ampla ferramenta de busca de informações. Quanto a outros tipos de comunicação mediados pelo computador (blogs, chats etc.), é preciso considerar as diferentes formas pelas quais podem afetar o capital social. Logo, a análise desses impactos será diferente se aplicada aos diversos usos da internet.

Alguns impasses conceituais e metodológicos têm dificultado o estudo da correlação entre tecnologias e capital social. Primeiro, as mudanças contínuas das formas de sociabilização têm criado a necessidade do desenvolvimento de novos modelos de conceituação e mensuração da comunidade de usuários: "considerando que a socialização ocorre além da vizinhança local, abordagens úteis definem a comunidade, não em termos de localidade, mas como redes sociais de laços interpessoais que proveem sociabilidade, apoio, informação, um senso de pertencimento e identidade social" (Granjon e Lelong, 2006, p. 157). Para Jouet (2000), o uso social da tecnologia se apoia em uma forma de apropriação, ou seja, o usuário vai configurando seu uso segundo suas fontes de interesse. Além disso, a polivalência das TICs permite aplicações diversas (lúdicas, profissionais e funcionais), sem um limite claro para tal apropriação.

Para Granjon e Lelong (2006, p. 169), a tecnologia não seria sinônimo de degradação das relações interpessoais, ou seja, haveria estreita relação entre a comunicação telefônica, fixa ou móvel, e os encontros pessoais: quanto mais as pessoas se veem, mais "se telefonam".

Quanto à questão metodológica, ela tem início nos próprios instrumentos adotados por Putnam para medir o nível de capital social – tanto na pesquisa acerca das províncias italianas (1998) quanto nos estudos que deram origem ao livro *Bowling alone* (2000). Para Portes (2000), o pesquisador do capital social teria de tomar algumas precauções em sua pesquisa. Em primeiro lugar, deveria separar a definição do conceito, teórica e empiricamente, dos seus alegados efeitos. Em segundo lugar, deveria estabelecer o controle do sentido da relação, de forma a demonstrar que a presença do capital social é anterior aos resultados que dele se esperam. Em terceiro lugar, deveria controlar a presença de fatores que pudessem explicar tanto o capital social como os seus alegados efeitos. E, em quarto lugar, deveria identificar as origens históricas do capital social da comunidade estudada de modo sistemático.

Portes (2000) e Ponthieux (2006) centram suas críticas na questão da circularidade – enquanto o capital social for visto como atributo de comunidades e nações, e não dos indivíduos (como propôs Bourdieu), ele será causa e efeito. Bevort e Lallement (2006), entre outros, chamam a atenção para a insistência de Putnam em considerar a comunicação face a face como modo prioritário de criar e sustentar o capital social – e colocam em evidência a dificuldade do autor em lidar com outras formas de comunicação, como, por exemplo, as mediadas pelo computador.

Considero que a internet pode estar contribuindo para novas formas de interação em diferentes tipos de comunidade, mas que o uso generalizado de indicadores e padrões de medida do capital social pode não ser adequado para captar o impacto dessas novas formas interativas em todas as "localidades". Uslaner (2000) tocou nesse ponto quando mencionou que o fato de as pessoas não estarem interagindo em espaços públicos visíveis não nos permite afirmar que elas estejam isoladas. Elas podem estar on-line, criando novos mundos virtuais, usando o chat junto com amigos novos ou antigos, visitando comunidades ou jogando com vários usuários. Também Wilson Gomes (2008) considera que o ambiente e o fluxo da comunicação, responsáveis pela constituição do capital social (por influência das teorias de Putnam), foram associados à formação de redes cívicas em espaços concretos. Contudo, Gomes salienta a negligência de Putnam quanto à existência de "um mundo de satélites cívicos, arquipélagos cívicos, de homens pouco disponíveis ao hiperengajamento, mas nem por isso desqualificados para a vida republicana" (p. 274). Os cidadãos, "satélites cívicos" que se mobilizam e se engajam em questões de forma esporádica, podem também ser acionados via internet para uma forma de participação cívica descontínua, mas nem por isso isenta de reciprocidade, confiança, cooperação e solidariedade. Com a internet, tornou-se necessário redefinir nossa compreensão do que é o capital social, pois a conectividade social não depende necessariamente da vinculação definitiva dos indivíduos a redes sociais concretas e/ou virtuais.

Creio ser necessário, portanto, aprofundar a relação entre as variáveis citadas, incluindo as contribuições dos estudos acerca da comunicação política e da centralidade da mídia ao processo democrático contemporâneo, além de buscar novos caminhos para a pesquisa ligada à teoria da comunicação social e organizacional. Uma dimensão essencial desse investimento abrange o questionamento do papel reservado às TICs não somente *vis-à-vis* ao capital social, mas principalmente em relação à comunicação pública e à comunicação política. Lembro que o reconhecimento da esfera pública como diversidade de locais de expressão exige, por antecipação, a interiorização dos direitos do cidadão, entendidos por prismas diferentes. O que está na base dessa discussão é a elaboração de uma cultura (cívica e comunicacional) daquilo que for público e do valor deste "público"; uma cultura que capacite os agentes a instituírem-se como comunicadores públicos na esfera pública (Matos, 2007a, p. 53).

Em suma, sendo a esfera pública entendida como conjunto de espaços físicos e imateriais onde os agentes sociais podem efetivar sua participação no processo de comunicação pública, o papel reservado às TICs é o de serem mais do que a infraestrutura que materializa a esfera pública. Assim, os novos meios poderiam suplementar os contatos interpessoais face a face ou de outra modalidade, instituindo uma rede material possível para os fluxos de informação: infovias construídas com base em uma série de recursos imateriais prévios, como confiança, reciprocidade e engajamento nas questões públicas, mantendo e renovando as condições de existência do capital social.

5. Capital social negativo e suas implicações

Vários dos autores que tratam do conceito de capital social ressaltam que a literatura publicada sobre o tema concentra-se na investigação de suas consequências positivas, ignorando seus vários aspectos negativos (Ostrom, 2003; Portes, 2000; Warren, 2001b; Arriagada, 2003). De fato, tais autores destacam a tendência de que se vejam apenas coisas boas emergindo das interações sociais, sendo que aquelas vistas como ruins são mais comumente associadas ao comportamento estratégico ou individualista. Contudo, é possível afirmar que os próprios mecanismos de socialização desenvolvidos e apropriados por indivíduos e grupos podem produzir, no âmbito do capital social, consequências menos desejáveis. É importante chamar a atenção para esses efeitos negativos por duas razões principais: em primeiro lugar, para evitar a assunção errônea de que as redes comunitárias, o controle social e as sanções coletivas sejam intrinsecamente benéficos; em segundo lugar, para manter o estudo do capital social livre de afirmações determinísticas (Portes, 2000).

Para que possamos destacar os efeitos negativos do capital social, faz-se necessário, em um primeiro momento, explicitar como os múltiplos componentes desse conceito (confiança, reciprocidade, associativismo, cooperação etc.) podem adquirir determinadas formas e resultar em efeitos negativos sobre as relações sociais. Como vimos anteriormente, um dos aspectos fundamentais do conceito de capital social é a confiança. Putnam (1995, 2001a e 2001b) explica que a confiança se apoia em duas fontes: normas de reciprocidade e redes de engajamento cívico. Segundo ele, a participação em redes densas de interações horizontais entre indivíduos relativamente semelhantes produz normas de reciprocidade, proporciona sanções para aqueles que as infringem, oferece informações sobre outras pessoas e cria a plataforma para uma colaboração futura.[27]

Segundo Ostrom (2003), a existência de confiança entre os membros de um grupo pode ser explicada frequentemente como consequência de outros elementos relacionais que integram o capital social, como a reciprocidade, as redes, as normas sociais e as instituições. Contudo, salienta que existem muitos aspectos do conceito de confiança que não se podem reduzir a outras formas de capital social. Para Levi (2001, p. 109), a ligação entre a adesão ao grupo e a confiança requer uma elaboração mais precisa. Ela diz que, se pensarmos nas fontes de confiança – conhecimento do outro, das sanções institucionais, bem como a capacidade de reconhecer se o outro merece ou não confiança –, notaremos que todas elas representam um custo muito baixo para quem decide confiar em alguém. A autora discute, ainda, a questão da confiança como mecanismo psicológico pelo qual uma pessoa que é digna de confiança projeta sua confiabilidade no outro. Assim, quanto mais digno de confiança for o indivíduo, mais propenso estará para confiar nos outros (p. 110).

Há certa falácia na afirmação de que a confiança, em si mesma, é geradora do capital social. Isso depende do tipo de confiança e de como ela é constituída. Nossas relações cotidianas nem sempre favorecem contatos mais aprofundados, principalmente com as pessoas que não nos são familiares. O pouco tempo dedicado às conversas com estranhos não nos permite estabelecer vínculos de confiança para além de nossos contatos habituais (amigos, familiares, vizinhos, colegas de trabalho). Mesmo nas associações, onde presumivelmente as pessoas teriam mais tempo para se dedicarem a relações mais aprofundadas, a intervenção frequentemente pontual dos membros em atividades, reuniões e encontros reduz as possibilidades de geração de um tipo de confiança pautado pela abertura ao outro, pela reciprocidade sem restrições e pela disponibilidade para interagir. É importante ressaltar aqui que a reciprocidade é a norma básica da troca social. Sua fórmula genérica é a seguinte: "faça aos outros o que você gostaria que fizessem a você". A reciprocidade permite a cooperação, que proporciona ganhos aos indivíduos e lhes possibilita fazer demandas aos outros. Assim, por meio do cumprimento de obrigações, eles retornam os favores que recebem. Por isso, a reciprocidade pode gerar capital social sob a forma de obrigações e compromissos (Warren, 2001b, p. 18).

De maneira geral, a confiança se constitui com base nas expectativas que alimentamos sobre o comportamento dos outros nas interações em que a empatia é definida por critérios como a etnicidade, a religião ou outros valores compartilhados. Contudo, para que a confiança se torne mais generalizada e publicamente justificável ela não deve estar atrelada somente a parâmetros de consanguinidade, paternalismo e favoritismo. Critérios institucionais, ligados a sanções, normas e constrangimentos, são necessários para que a confiança seja assegurada. Para os membros de um grupo, é importante saber que esses critérios existem e que fundamentam o contato com seus pares. É extremamente reconfortante saber que tanto as nossas ações quanto as ações dos outros obedecem a determinados princípios, e que esses princípios nos mostram até que ponto podemos confiar neles. Assim, devido à natureza repetitiva das interações, seus participantes podem observar o comportamento dos pares e a aplicação das regras destinadas a recompensar ou punir os membros. Um acordo tácito entre todos os participantes respeita a existência e o funcionamento dessas regras, alimentando trocas produtivas. Nesses casos, a confiança é o resultado de outras formas de capital social (Gambetta, 2000).

No entanto, a confiança, assim como a reciprocidade, apresenta relações e vínculos cuja natureza pode ou não ser publicamente justificada. De um lado, quando os indivíduos conhecem as regras do jogo e não temem explicitá-las se necessário, o capital social tende a se materializar de forma positiva, ou seja, aumentando a confiança já existente entre os parceiros de uma interação. De outro lado, quando os indivíduos conhecem certas regras do jogo (uma vez que grande parte delas é modificada por aqueles que concentram poderes sobre as ações dos participantes), mas não estão seguros quanto à sua aplicabilidade ou aos movimentos a serem executados por seus parceiros, o capital social tende a se expressar por meio de efeitos negativos de dominação, clientelismo e assimetria. Assim, quando as regras nas quais se baseia a confiança não são partilhadas e aceitas de modo explícito por todos os parceiros (podendo ser alteradas segundo a vontade de um dos lados), elas não podem ser publicamente apresentadas, justificadas ou defendidas. Em relações nas quais prevalece o individualismo e a ação estratégica dos parceiros da interação – que visam obter ganhos para si próprios –, a confiança generalizada e publicamente justificável não prospera.

Diante desse quadro, a questão que aqui se impõe é: por que certas afirmações consideram o capital social positivo como diretamente derivado de ações baseadas na reciprocidade, na confiança e na cooperação? Outra questão: por que o ato de se associar a grupos culminaria em um maior compromisso cívico, políticas mais democráticas e uma maior qualidade da ação do governo? Putnam (1999) argumenta que a associação em grupos, mesmo no caso de grupos informais, produz comunidades cívicas cujos membros se comprometem com uma ação coletiva para o benefício mútuo e se empenham em assumir responsabilidades políticas. E, segundo ele, a condição para que isso ocorra é a confiança. Contudo, como aponta Levi (2001), Putnam não esclarece a que tipo de confiança está se referindo: no governo, em outras instituições ou só entre indivíduos? Seria a confiança determinada pelas expectativas provenientes do conhecimento do membro do grupo ou resultante da moralidade seguida pela comunidade?

É possível afirmar que tanto o Estado quanto as redes de engajamento cívico podem ser fontes de confiança ou de desconfiança. Ambos promovem a confiança entre aqueles que se conhecem e a desconfiança em relação àqueles que não pertencem aos grupos, que estão fora da "rede". A confiança subjetiva não se sustenta a longo prazo, pois depende de uma observação constante do comportamento da pessoa ou instituição. E, se esse comportamento for instável, não fornecerá parâmetros para uma avaliação segura. Portanto, podemos acabar confiando em alguém que não é confiável. Entretanto, como mencionado anteriormente, as regras e as instituições podem criar incentivos para que as partes de uma interação comunicativa se comportem de maneira confiável. Ao estabelecer mecanismos de recompensa e punição, as normas e instituições podem influir diretamente no comportamento de indivíduos e grupos. Indiretamente, elas podem auxiliar os indivíduos e grupos a se autogovernarem, disponibilizando informações, assessoria técnica ou mecanismos alternativos de resolução de conflitos. Assim, a imposição de "castigos" àqueles que não cumprem as regras por parte de instituições formais ou informais afeta a valorização que os indivíduos confiantes conferirão ao comportamento futuro daquele em quem se confia (Gambetta, 2000). Segundo esse ponto de vista, a confiança pode ser definida de acordo com um entrecruzamento entre os critérios subjetivos e institucionais que são levados em conta quando um agente avalia as ações realizadas por outros agentes ou um grupo deles.

No contexto da construção do capital social, as normas que garantem a confiança em uma instituição ou em uma pessoa dependem não só de seu conteúdo, mas do modo como são aplicadas. Assim, segundo Ostrom (2003), uma das razões pelas quais as regras, as instituições formais e os procedimentos legais não são suficientes para resolver os problemas ligados à ação coletiva é o fato de que ela também depende de uma configuração favorável de fatores sociais, estatais e políticos, além das condições reais de dado contexto.

Como destacam Abramovay e Pinheiro (2003), em sociedades nas quais os recursos estatais não conseguem atender às demandas da população, as interações sociais extraestatais tornam-se gradualmente substitutas da ação do Estado, formando a base para estratégias e ações de superação dos problemas daquelas sociedades. Associações de moradores, cooperativas de produtores, associações de pais e mestres, organizações não governamentais de proteção à minorias independentes (ou com pouco contato com agências governamentais), sem confiança na ação do Estado, passam a suprir demandas ignoradas por ele. Os autores também declaram que, em sociedades em que não são oferecidas possibilidades de aproximação e de diálogo entre atores estatais e cívicos, o capital social tende a apresentar efeitos negativos, manifestando-se sob a forma de conflitos, violência e guerra civil. Um desequilíbrio causado pela distribuição desigual de força e de poderes entre os diferentes grupos e setores sociais e estatais pode, então, fazer que os benefícios se concentrem nas mãos de grupos dominantes, o que exclui os demais pela imposição da força e opressão.

Assim, o afastamento entre o Estado e as dinâmicas de decisão sobre políticas públicas e de inclusão social faz que haja maior probabilidade de os efeitos do capital social serem negativos. Como veremos ao longo deste capítulo, o capital social negativo aparece em condições específicas, marcadas, sobretudo, por relações hierarquizadas, desiguais e discriminatórias, como as que ocorrem no crime organizado. Além disso, esse tipo de rede se constitui no vazio deixado pelo poder público, que, nos casos de criminalidade, apenas exerce o seu poder de polícia (Schmidt, 2006).

Para evitar o desequilíbrio de forças e poderes entre autoridades administrativas e grupos cívicos, Schmidt (2006) argumenta que, quanto maiores forem a confiança, a cooperação, o sistema de informações e de associativismo horizontal entre eles, maior será a capacidade das instituições de apresentar políticas eficazes. Tal argumento se explica pelo fato de, nas regiões em que o capital social é fortalecido, os cidadãos participarem mais, exigirem mais das autoridades e se comunicarem melhor com os governantes. Por outro lado, nas regiões em que o capital social é pouco desenvolvido, tende a prevalecer o clientelismo e a dominação das elites. Esse, segundo o autor, é o caso do Brasil, uma vez que o reconhecimento social de seus cidadãos como atores relevantes e moralmente responsáveis nos processos decisórios de debate ainda não possui expressividade.

A confiança ganha destaque na constituição do capital social negativo por fundamentar as relações de troca baseadas não em princípios publicamente justificáveis, mas em acordos ou laços familiares, étnicos ou grupais. Contudo, para além da confiança, existem outras dimensões do capital social positivo que, dependendo do contexto em que ocorrem, podem também estar presentes nas

Capital social e comunicação

formas concretas do capital social negativo. A reciprocidade, a cooperação, a formação de redes cívicas, a solidariedade etc. também podem estar presentes em relações assimétricas de dominação e opressão. Sobre esse aspecto, Levi (2001, p. 118) afirma que Putnam ignorou o fato de que, sob certas condições, as relações verticais podem gerar confiança, reciprocidade e coordenação, como em hierarquias eclesiásticas, corporações e governos.[28] Isso significa que as interações horizontais não são necessariamente benéficas ou positivas. Como observa Ostrom (2003), "o capital social pode ter um lado escuro".

Definições, dimensões e efeitos do capital social negativo

Como distinguir o capital social negativo do positivo? Em primeiro lugar, é preciso lembrar que o capital social não é, a princípio, algo já pronto, construído, mas resulta de inúmeros tipos de relações sociais caracterizadas como positivas ou negativas, conforme suas funções e capacidade de gerar ganhos para os indivíduos. Assim, o mesmo tipo de relação social pode ser boa em dado contexto, mas ruim em outro. Dito de outro modo, a positividade ou a negatividade associadas ao capital social não são intrínsecas ao conceito, mas dependem do modo como as relações são definidas em determinados contextos. Enquanto o capital social positivo se refere aos resultados que promovem o bem-estar coletivo e aumentam as condições de igualdade e justiça social, o capital social negativo diz respeito aos efeitos assimétricos das relações sociais desiguais e injustas.

Segundo essa perspectiva, Warren (2001b) afirma que, para melhor caracterizar ambos os conceitos, é preciso elaborar uma análise contextual. Para isso, é necessário observar, caso a caso, o funcionamento das relações sociais e sua conversão em capital social. De acordo com o autor, tendemos a afirmar que o capital social funciona de forma positiva quando suas consequências implicam a democracia, a tolerância, a igualdade, a prosperidade econômica, a saúde e a vida comunitária. Os efeitos negativos do capital social seriam definidos em relação a esses valores.

Para o autor, quando o capital social tende a funcionar de modo negativo, os indivíduos que pagam os custos de seus efeitos ficam sem os recursos necessários para resistir a eles. A ausência de condições e capacidade para lutar contra assimetrias, opressões e concentração de poder faz que esses indivíduos corroborem para o funcionamento negativo do capital social. Mas é preciso destacar que, mesmo quando as relações de poder entre grupos são mais igualitárias, há uma maior tendência de que os grupos limitem ou reinternalizem os custos que outros grupos procuram impor-lhes (2001b, p. 12).

Assim, Warren ainda destaca que o bom ou mau funcionamento do capital social depende do nível de democracia existente em uma sociedade, e não somente dos recursos normativos envolvidos na própria distinção. O capital social negativo aparece também como um problema institucional e estrutural. Se as pessoas estiverem capacitadas e habilitadas a pressionar, a barganhar, a negociar e a persuadir, elas poderão limitar os constrangimentos impostos pelos efeitos negativos do capital social. Do contrário, não terão alternativas ou meios para escapar dos efeitos negativos ou mesmo limitá-los. Estes últimos, segundo Warren, prejudicam as seguintes dimensões da democracia: a igual inclusão no julgamento público e a igual distribuição de poderes como forma de resistir aos efeitos negativos concretos do capital social. Então, por exemplo, a corrupção política é ruim, assim como a distribuição desigual de poderes políticos e econômicos, deixando os mais fracos ainda mais vulneráveis (p. 11).

Estudos recentes indicam que a lista mais sistemática dos efeitos negativos do capital social foi elaborada por Alejandro Portes (2000), que, baseando-se nas experiências de grupos étnicos, encontrou quatro tipos de efeito negativo: a) a exclusão de *outsiders* (não membros); b) exigências excessivas impostas a membros de grupos; c) restrições à liberdade individual; d) normas que nivelam por baixo (nivelamento descendente).

O capital social gera a exclusão de outsiders: a cultura de pertencimento a um grupo social também exclui e marginaliza os "outros", privando-os do acesso a diversos recursos. Portes (2000, p. 146) destaca que, nesse caso, os próprios laços fortes que produzem benefícios para os membros de um grupo permitem-lhe também cercear o acesso a terceiros. Para Warren (2001b), a liberdade de associação também implica a liberdade de exclusão. Se, por um lado, a exclusão delimita a identidade do grupo, por outro beneficia seus membros ao conceder-lhes a possibilidade de escolher com quem se associar. Portes (2000) afirma que "os mesmos vínculos fortes que trazem benefícios aos membros de um grupo comumente permitem o impedimento do acesso de outros" (p. 146). Assim, quando a exclusão se refere à retenção de recursos dos quais os outros precisam, "a liberdade de associação pode reforçar distribuições desiguais do poder econômico, minar a democracia e permitir a conspiração e a corrupção" (Warren, 2001b, p. 8). Grupos étnicos, por exemplo, sempre foram capazes de produzir ganhos por meio da solidariedade étnica, obtendo vantagens econômicas. Existem atividades que são dominadas por descendentes de certa etnia. Como exemplo, podemos citar os chineses, que hoje montam seus estabelecimentos em várias cidades brasileiras e vendem produtos importados a preços muito baixos, dominando o mercado de utilidades domésticas e eletrônicos. Nesse caso, o capital social gerado pela solidariedade e pela confiança é o motor da progressão econômica do grupo. Com efeito, as mesmas relações sociais que reforçam a facilidade e a eficiência das trocas econômicas no âmbito da comunidade restringem implicitamente aqueles que são estranhos a ela. Provavelmente, o primeiro autor a destacar esse efeito negativo do capital social foi Bourdieu (1980), para quem o capital social só estaria disponível para uma elite, trazendo benefícios somente a ela. Para o restante da sociedade, a existência do capital social resultaria em prejuízos, uma vez que contribuiria para manter ou aumentar as desigualdades sociais (Sotomayor, 2007). Resta destacar que o capital social, ao promover a exclusão de estranhos, também fomenta a rivalidade e os conflitos entre grupos (Durston, 2000).

O capital social impõe exigências excessivas aos membros de um grupo: nesse caso, o fechamento de um grupo ou de uma comunida-

Capital social e comunicação

de pode, em certas circunstâncias, impedir o êxito de iniciativas próprias de seus membros. Portes (2000, p. 147) cita o seguinte exemplo: em seu estudo acerca da criação de empresas de comércio em Bali, Geertz observou que os empresários de maior sucesso eram constantemente assediados por familiares que procuravam um emprego ou um empréstimo. Essas exigências escoravam-se em fortes normas que impunham a assistência mútua no interior da família. Isso ocasiona um problema conhecido como *free-riding* (o usufruto injusto dos esforços dos demais), já que os membros menos diligentes conseguem impor aos mais bem-sucedidos todo tipo de exigências, apoiando-se em uma estrutura normativa partilhada. Esse fenômeno mina a iniciativa individual, pois o capital social dos que efetuam as exigências é constituído precisamente pelo acesso privilegiado aos recursos dos outros membros do grupo (Portes, 2000; Durston, 2000).

O capital social impõe restrições à liberdade individual: esse efeito se relaciona com o controle social que se produz entre os membros de um grupo fechado, gerando conformidade entre eles e restringindo a liberdade individual. Para Portes (2000, p. 148), a participação em comunidades ou em grupos cria, necessariamente, exigências de conformidade e adequação às normas vigentes. Em uma pequena cidade ou em uma vila, onde todos os vizinhos se conhecem, o comportamento de cada um é regulado por regras de confiança e por valores que fazem parte de um quadro compartilhado e amplamente aceito. Assim, o nível de controle social nesses contextos é forte, havendo alta restrição das liberdades individuais. Por isso, os jovens e os indivíduos de espírito mais independente sempre acabam deixando as cidades pequenas e conservadoras. Nesse sentido, se, de um lado, densas redes que ligam os moradores produzem um ambiente propício a uma intensa vida comunitária e à imposição das normas locais à vida de cada um, de outro, impedem o desenvolvimento da autonomia e da responsabilidade social, destruindo a privacidade e aumentando os riscos de desagregação dos laços comunitários. Origina-se, assim, um dilema entre a solidariedade grupal e a liberdade individual (Sotomayor, 2007).

O capital social permite a constituição de normas que nivelam por baixo: como Coleman (1988) enfatiza, normas prescritivas impostas aos membros de um grupo podem ser fonte de capital social positivo quando inibem o crime, proporcionam ganhos para as escolas e recompensam aqueles que vão além dos interesses individuais para trabalhar pelo bem da coletividade. Mas, como Coleman também destaca, não há nada inerente às normas impositivas que as tornem boas: elas recompensam algumas ações, mas tolhem outras, reduzindo, assim, por exemplo, a inovação individual e a criatividade das quais a coletividade pode beneficiar-se. Portes (2000, pp. 148-9) sugere que as normas podem, em algumas circunstâncias, contribuir para um reduzido nível de performance individual, com custos consideráveis para a coletividade, uma dinâmica que pode afetar grupos marginalizados. Segundo ele,

> [...] existem situações em que a solidariedade do grupo é cimentada pela experiência comum da adversidade e pela oposição às tendências dominantes da sociedade. Nestes casos, as histórias de sucesso individual minam a coesão do grupo, na medida em que este último

se encontra fundado, precisamente, na suposta impossibilidade de tais ocorrências. Daqui resultam normas de nivelação descendente que funcionam de modo a manter os membros de um grupo oprimido no seu lugar e forçam os mais ambiciosos a fugir da alçada do grupo. [...] Em cada um destes casos, o surgimento de normas de nivelação descendente foi precedido por longos períodos, muitas vezes durante gerações, em que a mobilidade de um grupo particular foi bloqueada pela discriminação exterior. Esta experiência histórica sublinha a emergência de um posicionamento de oposição à sociedade e de uma solidariedade assente numa experiência comum de subordinação. Depois de activada, esta perspectiva normativa ajuda a perpetuar a própria situação que denuncia.

De acordo com Portes, nessas circunstâncias o capital social atua sob a forma de controle social: se a solidariedade confinada e a confiança fornecem, para certos grupos, as fontes para a ascensão socioeconômica e para o desenvolvimento empresarial, entre outros produzem exatamente o efeito oposto. Por isso, ele ressalta que a sociabilidade é uma faca de dois gumes: ela tanto pode ser fonte de bens públicos como também pode levar a "males públicos". Famílias da máfia, círculos de jogo e de prostituição e gangues juvenis oferecem muitos exemplos de como o enquadramento em estruturas sociais rígidas ou paternalistas pode trazer resultados socialmente indesejáveis. Esse ponto é de particular importância na abordagem das versões mais recentes e mais laudatórias do conceito de capital social, e será retomado mais adiante.

Como acentua Warren (2001b, p. 11), a promoção de normas que nivelem por baixo incita, nos indivíduos, "percepções de que eles não podem mudar o sistema. [...] A aura da inevitabilidade não só cria incentivos para a corrupção, mas também a justifica como natural". Nesse contexto, não só a corrupção ganha o status de "fatalidade" como também o clientelismo.

Alguns grupos sociais, diante de perspectivas desesperançosas de mobilidade social ascendente em relação a si mesmos, adotam normas que se adaptam ao "socialmente aceito". No centro de uma estrutura social estrita, essas normas se veriam reforçadas pelo grupo, o que concederia a seus integrantes uma alta probabilidade de acabarem relegados a posições de marginalidade e de exclusão social das quais dificilmente teriam condições de escapar (Sotomayor, 2007).

Seria oportuno relembrar que o capital social negativo pode emergir em determinada comunidade como fruto da exclusão social, ou também pode advir de políticas assistencialistas, para as quais o indivíduo é sujeito passivo, sem a devida valorização do seu potencial cultural e criativo. O nivelamento por baixo ao qual está submetida grande parte dos cidadãos brasileiros é um exemplo da regra estabelecida pelo clientelismo e pelo assistencialismo segundo a qual "não se sai da pobreza por iniciativa própria", sendo que "o governo deve apontar a saída". Uma parte importante dos programas tradicionais de luta contra a pobreza ainda se baseia em relações paternalistas. Uma visão dos pobres como "carentes" fortalece ainda mais as regras de nivelamento descendente. É claro que essa percepção desconsidera o potencial de capital social e humano presente nas comunidades pobres (Arriagada, 2003, p. 574).

Aos quatro efeitos negativos do capital social (delineados por Portes) Alberto de Sotomayor (2007) acrescenta um quinto: *nem tudo é solidariedade*. De acordo com Sotomayor, a literatura que trata do capital social confere atenção, sobretudo, a um tipo de solidariedade que pode ser exemplificado pela relação que se estabelece entre imigrantes de um mesmo país ou origem geográfica. Entre eles, a "vontade de ajudar" é vista como requisito indispensável para o surgimento e desenvolvimento dessa forma de capital. Contudo, por mais que possa ser óbvio, convém recordar que tal comportamento solidário não constitui a única realidade perceptível dentro desses círculos de imigrantes. Pelo contrário: segundo Sotomayor, podemos encontrar também pessoas que tiram proveito econômico da situação de fragilidade na qual vivem seus próprios compatriotas no país de chegada (desde aqueles envolvidos nas redes de tráfico de imigrantes até aqueles que alugam moradias em condições precárias). Isso representa, então, a antítese da solidariedade étnica, destacando-se uma total indiferença diante da situação vivida por concidadãos.

Diante desses cinco tipos de capital social negativo, é possível afirmar, de modo geral, que ele é excludente e cria desconfiança pública, tal como acontece no caso das relações clientelistas e mafiosas. Como contraponto, o capital social positivo é includente e contribui para o fortalecimento da confiança pública. Manter em mente essas distinções nos auxilia a evitar uma visão que privilegie uma relação direta entre confiança, reciprocidade, formação de redes, cooperação, solidariedade e o capital social em sua forma positiva. Nem sempre apenas os resultados positivos são indícios da presença do capital social. Por isso, não é possível inferir sua presença somente por meio de suas consequências positivas ou de seus efeitos negativos. É preciso, segundo Durston (2000), observar também suas raízes.[29] Faz-se necessário, ainda, identificá-lo conceitualmente e descrever diferentes tipos de capital social, especialmente no que diz respeito a seu caráter de atributo do indivíduo ou do grupo. Para nos auxiliar nessa tarefa, apresento a Tabela 3.

Tabela 3. Capital social positivo e capital social negativo.*

Capital social positivo	Capital social negativo
Condições e contextos de emergência	
• Contextos de maior igualdade, inclusão e paridade entre indivíduos e grupos. • Condições básicas para a existência de políticas redistributivas, justiça social e direitos fundamentais. • Condições para o fortalecimento político dos cidadãos. • Normas inclusivas e universais. • Esferas públicas plurais e robustas.	• Contextos de desigualdade material e social, exclusão e intolerância. • Condições que perpetuam uma distribuição injusta de recursos entre indivíduos e grupos. • Grupos e indivíduos em situação de vulnerabilidade. • Relações de poder e opressão. • Ausência de esferas públicas inclusivas.
Princípios e valores em causa	
• Redes associativas caracterizadas pela confiança, reciprocidade e normas socialmente partilhadas. • Igual oportunidade para influenciar debates públicos e processos decisórios. • Interações voltadas para o entendimento recíproco e publicamente justificáveis. • Tolerância e reforço da comunidade. • Instituições que facilitam o acesso coletivo a recursos. • Autonomia e liberdade. • Reconhecimento social amplo.	• Relações baseadas na desigualdade de poder e na autoridade do mais forte. • Pouco incentivo às deliberações inclusivas e fraca capacidade de resistir às opressões. • Interações voltadas para a persuasão e obtenção de ganhos pessoais, sendo publicamente injustificáveis (baseadas na barganha e na corrupção). • Reforço de particularismos e negligência quanto ao bem-estar coletivo. • Concentração de recursos e de poder. • Normas rígidas que reforçam um nível reduzido de iniciativa individual e restringem a liberdade. • Exclusão dos *outsiders*.

Capital social positivo	Capital social negativo
Consequências e condições de retroalimentação	
• Aumento do grau de cooperação, reciprocidade e confiança. • Preocupação generalizada com o bem coletivo (solidariedade). • Desenvolvimento da democracia. • Aumento da densidade das redes interativas e conversacionais. • Maior engajamento cívico e maior participação política. • Aprimoramento dos níveis cognitivos e educacionais.	• Aumento do sectarismo e da discriminação. • Presença de comunidades e grupos rígidos e exclusivistas. • Fomento de conflitos intergrupais. • Aumento da corrupção e do ceticismo. • Terrorismo. • Crime organizado. • Rivalidades étnicas, religiosas e culturais. • Fatalismo e descrença na política e nos políticos. • Crescimento do clientelismo.

* Esta tabela não apresenta uma lista exaustiva, mas pretende tornar mais fácil a compreensão das principais diferenças entre esses dois tipos de capital social. Vale mencionar que é impossível separar as consequências da geração do capital social positivo das do negativo, uma vez que elas representam um processo que se autoalimenta. Também é preciso ressaltar que a presença das condições indicadas para o aparecimento do capital social negativo e positivo não determina a sua permanência ou a passagem de um tipo ao outro.

Tipos de capital social: bonding *versus* bridging

As relações entre membros de um grupo e entre grupos diferenciados foram objeto de reflexão de Putnam (1995a, 2000), que estabeleceu distinções entre o capital social do tipo *bonding* e o capital social do tipo *bridging*. O capital social *bonding* é exclusivo por natureza e se desenvolve dentro de grupos extremamente fechados, compostos de pessoas que possuem pontos de vista e valores similares, como os grupos que se encontram nas igrejas, clubes de leitura ou fraternidades étnicas. Contrariamente, relações que funcionam como capital social do tipo *bridging* têm um escopo mais amplo e abrangem pessoas diferentes por meio da construção de pontes entre diferentes setores sociais. Esse tipo de capital social pode ser encontrado, por exemplo, nos movimentos por direitos cívicos, grupos de serviço de jovens, organizações religiosas ecumênicas.

De acordo com Warren (2001b), esses dois tipos de capital social possuem qualidades e benefícios distintos: o capital social do tipo *bonding* cria uma forte lealdade dentro do grupo, o que é útil para a reciprocidade interna e para a obtenção de recursos sociais e psicológicos para grupos marginalizados. Já o capital social do tipo *bridging* amplia redes sociais e conecta grupos a recursos aos quais eles não teriam acesso de outro modo. Esse capital social aumenta os fluxos de informação que circulam entre grupos e pode gerar identidades coletivas e reciprocidade.

Vários autores mencionam que o capital social do tipo *bonding* pode gerar mais efeitos negativos, porque a forte lealdade entre os membros de um grupo pode criar antagonismos com outros grupos (Lin, Burt e Cook, 2001; Norris, 2003; Ponthieux, 2006). A intolerância e o sectarismo, dois aspectos do capital social negativo, seriam, portanto, o resultado de relações marcadas por vínculos do tipo *bonding*. Apesar disso, Putnam sugere que é também possível que, no caso de algumas dimensões sociais, grupos se vinculem e, ao mesmo tempo, estabeleçam pontes em direção a outras. Ele argumenta que a distinção *bridging-bonding* não é exclusivista (um tipo não exclui o outro), mas requer uma relativização.

Nan Lin (1995) desenvolve uma distinção similar, adotando as noções de "vínculos fortes" e "vínculos fracos". Os primeiros envolvem o princípio da homofilia, ou seja, de que as pessoas tendem a se associar com outras que sejam parecidas com elas próprias. Isso acontece quando seus propósitos são voltados para a expressão de experiências de vida, para a busca de valores normativos e identitários. Por sua vez, os objetivos instrumentais tendem a ser alcançados por meio de vínculos fracos, os quais conectam as pessoas por intermédio de grupos, status e classes, garantindo aos indivíduos o acesso a novos recursos (Warren, 2001b, p. 13). Os benefícios da ação cooperativa serão maiores quando as pessoas associarem recursos diferentes, porém complementares. De acordo com Lin, a maneira pela qual os vínculos fracos funcionam como capital social para os atores depende de como tais vínculos providenciam acesso aos recursos possuídos por outros atores.[30]

> O capital social, assim, é o efeito combinado de um propósito (expressivo ou instrumental) e da posição estrutural em hierarquias que providenciam recursos para atores e redes que facilitam o acesso a determinadas posições. Assim, o modelo de Lin incorpora a distinção entre o capital social *bonding* e *bridging*, mas a formalidade da apresentação nos permite distinguir mais claramente entre (1) afetos e propósitos que as pessoas trazem para suas relações sociais; (2) os efeitos variantes do aproveitamento de recursos de acordo com a localização estrutural; (3) as redes que combinam propósitos e recursos para que eles funcionem como capital social. (Warren, 2001b, p. 15)

Apesar de vínculos do tipo *bonding* serem associados ao capital social negativo, não podemos desconsiderar que as relações estabelecidas entre grupos distintos também podem gerar consequências negativas para a sociedade como um todo. Um exemplo, que exploraremos mais adiante neste capítulo, ilustra bem esse fato: grupos de traficantes em presídios brasileiros relacionam-se com policiais, autoridades públicas, moradores de favelas e facções de traficantes fixadas em diferentes estados. Essas relações podem ser caracterizadas como *bridging*, mas seus efeitos não são positivos. A confiança, a solidariedade e a reciprocidade que sustentam esse tipo de relação não se baseiam em regras coletivamente definidas e aceitas, mas em acordos e barganhas nos quais impera a lei do mais forte.

Retomando o tema da confiança, Warren (2001b, p. 16) afirma que indivíduos que possuem uma confiança generalizada são bons construtores de capital social do tipo *bridging*. No entanto, uma pessoa que confia de forma particularizada tem mais consciência dos riscos aos quais se submete: ela suspeitará de estranhos e se limitará a confiar naqueles que conhece, ou que são tidos como confiáveis (por algum tipo de pertencimento à família, a uma comunidade pequena, à igreja ou a um grupo étnico, por exemplo). Assim, indivíduos que contam com uma confiança particularizada serão bons construtores de capital social do tipo *bonding*. Todavia, nem todo capital social *bonding* tem origem na confiança particularizada.

Como vimos anteriormente, um ganho positivo para membros de dado grupo é geralmente definido como um ganho negativo para aqueles que não pertencem a tal grupo. Isso acontece porque aqueles que não pertencem ao grupo não compartilham as normas que tornam os membros confiáveis. Desse modo, a confiança particularizada pode gerar um capital social negativo sob a forma de racismo, etnocentrismo, intolerância religiosa.

Além do domínio da confiança, a reciprocidade também pode operar na constituição de relações do tipo *bonding* e *bridging*. Mas é preciso ter em mente que as normas de reciprocidade diferem em seus objetivos. Como destaca Putnam (1995a), a reciprocidade pode tanto ser específica – obrigações estabelecidas entre dois indivíduos – quanto generalizada – obrigações estabelecidas entre uma pessoa e várias outras. No caso da reciprocidade específica, um indivíduo possui a expectativa de que a obrigação será cumprida por uma pessoa só – mas não qualquer pessoa. Essa é a reciprocidade que prevalece em relações do tipo *bonding*. Contudo, se operarmos segundo a regra da reciprocidade generalizada, poderemos ter a sensação de que nossas contribuições a terceiros (que passam por um período de necessidade) serão pagas eventualmente, por algum outro indivíduo. Nesse caso, ajudamos as pessoas quando podemos e imaginamos que alguém nos ajudará quando precisarmos. Essa reciprocidade caracteriza as relações do tipo *bridging*. Assim, para Warren (2001b, p. 18), uma sociedade na qual a reciprocidade generalizada é comum é também mais eficiente no que diz respeito à constituição de processos cooperativos.

A reciprocidade também conta com vínculos que estão associados às consequências negativas do capital social. Para López e Santos (2007), quando a reciprocidade acontece sob a forma da barganha, ela alimenta também trocas corruptas (votos são trocados por dinheiro, por exemplo). Por isso, Warren (2001b) enfatiza que a reciprocidade que opera nas trocas corruptas é diferente daquela presente no tipo de relação que constrói o capital social positivo. As negociações corruptas, segundo ele, dependem da reciprocidade específica, porque a troca é exclusiva e não pode ser publicamente justificada.[31] "Não só a troca é definida pela norma da reciprocidade específica, como também serve para estabelecer o limite entre aqueles que fazem parte do relacionamento corrupto e aqueles que não fazem. A reciprocidade generalizada não pode ser corrupta, porque ela não cristaliza esse limite, e é, por natureza, inclusiva" (p. 18).

De acordo com Warren (2001b), essa distinção entre capital social positivo do tipo *bridging* e capital social negativo do tipo *bonding* se realiza exclusivamente em virtude de seus respectivos efeitos sociais. Por isso, para caracterizar o capital social do tipo *bonding* como negativo é preciso primeiro observar a sua relação com o contexto em que emerge. Assim sendo, há vários elementos contextuais, como a distribuição de poderes políticos e econômicos, que também fazem diferença na caracterização dos tipos de capital social. Seguindo as orientações dadas por Putnam, creio ser mais frutífero pensarmos em formas de combinação e complementariedade entre o capital social do tipo *bonding* e o capital social do tipo *bridging*. Sobre esse aspecto, podemos citar o fato de que muitos grupos da sociedade civil organizam sua atuação em duas frentes: primeiro fortalecem seus vínculos internos para, em um segundo momento, atuarem junto com outros grupos cívicos.

Para uma visão esquemática das distinções entre o capital social do tipo *bonding* e o do tipo *bridging*, ver Tabela 4.

Tabela 4. Capital social de vinculação particularizada (*bonding*) e capital social de vinculação generalizada (*bridging*).

Capital social do tipo *bonding* (vinculação restritiva)	• Geralmente associado aos efeitos negativos do capital social (mas para fazer tal julgamento é preciso que se considerem variáveis contextuais e relações de poder em jogo). • Reúne pessoas com pontos de vista e backgrounds similares. • Preza a lealdade do grupo e a reciprocidade interna. • Reforça vínculos de pertencimento, provendo recursos sociais e psicológicos para grupos marginalizados. • Promove a solidariedade interna ao grupo. • Gera confiança limitada.
⇕	Pensar em formas de complementaridade entre esses dois tipos de capital social.
Capital social do tipo *bridging* (vinculação ampliada)	• Geralmente associado aos efeitos positivos do capital social (mas nem sempre os vínculos que unem diferentes grupos são isentos de características negativas. Exemplo: corrupção que une traficantes, polícia e autoridades públicas). • Aproxima indivíduos e grupos diferentes, superando diversas clivagens sociais. • Expande redes de interação. • Gera confiança generalizada, que conecta grupos. • Amplia o acesso a recursos e a fluxos de informação.

Condições de emergência do capital social negativo

Vimos até aqui que o capital social também conduz à discriminação, à exploração, à corrupção e à dominação daqueles que não têm condições de se proteger de seus efeitos negativos. Vimos também que tanto seus efeitos negativos quanto os positivos manifestam-se sob condições sociais, institucionais e econômicas específicas. Torna-se, portanto, crucial saber se alguns tipos de contexto têm maior propensão a aumentar o potencial que certas relações possuem de funcionar sob a égide do capital social negativo. Nesse sentido, argumento que nenhum tipo de relação pode funcionar de modo negativo se não for combinada com os recursos que permitem aos participantes concretizar ações negativas e endereçá-las aos outros. Partilho com Warren (2001b, p. 19) o pressuposto de que certos contextos favorecem o aparecimento do capital social negativo quando proporcionam aos grupos as condições para que efeitos negativos sejam gerados e quando impõem uma dificuldade de resistência àqueles que são vítimas desses efeitos.

O capital social negativo tende a ocorrer em contextos de desigualdade, de prevalência de poder assimétrico, acentuando as vulnerabilidades dos atores diante de relações de dominação. O que pode se desenvolver em ambientes como esses é uma forte coordenação e cooperação intragrupal, mas cujos objetivos são particularistas e prejudiciais à coletividade. A máfia e o crime organizado ilustram essas relações, e serão mais bem explorados nas próximas seções.

No caso do Brasil, ao mesmo tempo que observamos, nas últimas décadas, um vigoroso aumento das organizações da sociedade civil voltadas para fins públicos, também assistimos ao crescimento de capital social negativo a partir da formação de associações criminosas com domínio sobre comunidades inteiras (Zaluar, 2007). Podemos observar, no contexto brasileiro, várias formas de manifestação do capital social negativo, que se desenvolve em meio à desigualdade social e às várias formas de discriminação e preconceito, seja quanto ao sexo, à etnia, à religião, à filiação política ou à condição socioeconômica. Se, de um lado, aspectos contextuais ligados à existência de redes de confiança e solidariedade em uma comunidade contribuem para uma interação menos violenta (mesmo em contextos de extrema pobreza), de outro lado, a preponderância de grupos associados a atividades ilegais faz que as redes de contato produzam um capital social que tende a excluir, marginalizar e fortalecer uma hegemonia que mina as formas de cooperação e reciprocidade voltadas para o bem coletivo (Arriagada, 2003, p. 573). Schmidt (2006) afirma que, geralmente, em um espaço social constituído pelo capital social negativo objetiva-se a inclusão apenas daqueles indivíduos aceitos como de mesma posição hierárquica.

De acordo com Warren (2001b), em contextos igualitários a reciprocidade generalizada produz um tipo de cooperação do qual todos se beneficiam, enquanto a reciprocidade específica funciona como a "cola" básica da interação social. Mas, em um contexto desigual, a reciprocidade implica obrigações que se acumulam nas mãos daqueles que possuem mais recursos. E pode ser utilizada para solidificar a lealdade e assegurar apoios. Por isso, esse autor afirma que a base da corrupção clientelista ou da ação paternalista depende de quanto a reciprocidade é geral ou específica.

Como foi mencionado anteriormente, o não cumprimento de suas atribuições força o Estado a aceitar um novo tipo de "ordem", imposta, de maneira geral, pelo crime e pela violência. Assim, entre as formas negativas assumidas pelo capital social são mencionadas, de modo frequente, a máfia, os círculos de prostituição e jogos de azar e as gangues juvenis (Portes, 2000). Segundo Arriagada (2003), a formação de gangues/galeras se dá, em geral, nos espaços onde a sociedade não tem respostas efetivas, por parte do poder público, para as suas demandas e necessidades. Além disso, é preciso ressaltar as crescentes ocorrências de violência intrafamiliar, que afetam profundamente os laços privados e dificultam o estabelecimento de redes sociais de confiança em outros âmbitos de socialização. Um estudo realizado por Abramovay e Pinheiro (2003) mostra que, de modo genérico, as gangues e galeras são caracterizadas de forma negativa, já que muitas vezes promovem a adoção de atitudes criminosas, tais como pichação, assaltos, furtos e vandalismo. Por outro lado, os grupos de *rappers* são retratados de forma positiva, pois estariam, em sua maioria, mais afinados com a denúncia e com o protesto – principalmente por meio da música – acerca da situação de vida de seus membros. Seriam, portanto, uma espécie de alternativa às gangues, em uma distinção entre o capital social positivo e o capital social negativo. Um bom exemplo a ser citado refere-se a grupos de *rap* no Brasil que elaboram letras celebrando a vida criminosa de forma explícita – o estilo é comumente conhecido como "proibidão". Nessas letras, eles desenvolvem uma linguagem em forma de deasafio e crítica contestatória.[32]

Após a distinção, nesta seção, de alguns dos elementos relacionados a desigualdades culturais, políticas e econômicas que contribuem para a formação do capital social negativo, torna-se possível afirmar que, em primeiro lugar, a diminuição dos efeitos negativos do capital social requer reformas institucionais capazes de "dar voz" aos cidadãos, fortalecendo-os, para que expressem publicamente problemas e necessidades ligados à esfera pública. Em segundo lugar, no caso da má distribuição econômica, pode-se dizer que a disponibilização de alternativas plurais

Capital social e comunicação

e seguras de bem viver (afastando-se do clientelismo e do paternalismo) reduz as consequências negativas do capital social. E, em terceiro lugar, a imposição e o reforço de expectativas mútuas, por parte dos atores, em uma rede tendem a aumentar a simetria das obrigações e a reduzir os efeitos negativos do capital social, pois a igualdade de obrigações reduz a vulnerabilidade dos membros, uns em relação aos outros. No entanto, é importante lembrar que:

> [...] Vulnerabilidades relativas afetam as capacidades dos atores de resistir a externalidades negativas de capital social, o que, em contrapartida, afeta a questão de como as fontes de capital social podem funcionar de maneira boa ou má. [...] *Quanto mais existir a democracia cultural, política e econômica, menores serão as fontes de capital social com potencial negativo que funciona de maneira prejudicial ao bem comum.* (Warren, 2001b, pp. 19 e 20)

Em suma, as normas que embasam as relações sociais em dada sociedade, se mais inclusivas e universais, reduzem as consequências negativas do capital social.

O capital social pode tomar a forma de uma associação criminal: a máfia

A máfia, como destaca Sciarrone (2000, p. 36), se distingue de outras organizações criminais pela sua capacidade de enraizamento, pela posse de significativos recursos econômicos, pela capacidade de controlar as atividades coletivas e por sua influência sobre a vida política e institucional em nível local e nacional. Por isso, a máfia pode ser apontada como uma forma de criminalidade específica que age sobre um território exercendo as funções de regulação que são características do Estado. Assim, para esse autor, os atributos principais da máfia advêm: dos laços que mantém com a política, da influência que exerce sobre as instituições e das funções de proteção e controle das atividades econômicas. A confiança, a lealdade e a reciprocidade não são fontes de incentivo para as relações mafiosas, mas servem como garantia de um sistema baseado em obrigações, construído por meio da reciprocidade instrumental. A máfia é um grupo político no sentido weberiano, apresentando um sistema de regras e normas, um aparelho repressivo capaz de impor limites, uma dimensão territorial e fazendo uso da coerção psíquica. Ela "determina, ou contribui para determinar, as decisões e as escolhas relativas à gestão do poder e à distribuição dos recursos por meio do uso da violência, da influência sobre a escolha dos representantes políticos, da gestão e do controle das instituições político-administrativas" (Sciarrone, 2000, p. 38).

É interessante notar que as máfias não são, essencialmente, instituições de reciprocidade e de cooperação, pois tendem a violar, com frequência, suas próprias normas manifestas, recorrendo habitualmente à lei do mais forte para resolver conflitos e para estabelecer um domínio baseado no exercício arbitrário do monopólio da violência (Durston, 2000). De modo geral, as instituições criminais sempre reprimem e tentam destruir as instituições de capital social comunitário, de confiança, cooperação e autoridade legitimada. Mediante extorsão e ameaças, elas favorecem o paternalismo amoral, convertendo-se em um exemplo de "particularismo" em oposição ao "universalismo" associado ao bem comum.

Outra dimensão da ação da máfia, segundo Sciarrone, refere-se ao fato de que ela opera em regime de monopólio, da mesma forma que o Estado. Não se trata de um monopólio natural, mas baseado na autoridade ligada à capacidade de reprimir pela força todos aqueles que tentam inserir-se no grupo sem a devida autorização. Assim, enquanto o monopólio da máfia é privado, o do Estado é público. Este último oferece proteção a todos os cidadãos como um bem público. A máfia, por sua vez, funciona como uma empresa privada de proteção. Por isso, a violência, mesmo de maneira implícita, está presente em suas ações. Para se reproduzir no espaço e no tempo, a máfia se serve de sua capacidade de acumular e mobilizar capital social. Por isso, um de seus pontos fortes é a sua capacidade de obter a cooperação de outros setores sociais, exteriores ao seu núcleo organizacional, envolvendo, além da comunidade próxima, diferentes esferas da sociedade civil e das instituições (Sciarrone, 2000, p. 37). Por estar ligada a um território, ela mobiliza seus membros para que criem uma rede de relações de reciprocidade.

As redes de cada membro de um grupo mafioso são enraizadas na sociedade local e, originalmente, caracterizam-se por sua fraca extensão e forte densidade. Mas o sucesso da máfia em seu contexto de atuação depende sempre da capacidade de criar, em nível local, teias de relação de alta densidade, ou seja, com múltiplas interconexões e uma forte capacidade de integração com diversos atores.[33]

Assim, é importante considerar não somente a extensão ou a densidade das redes sociais mafiosas, mas também as conexões que se estabelecem entre os diversos universos sociais que elas põem em contato, ou seja, diferentes redes entre as quais a comunicação é mínima. De acordo com Durston (2000), os mafiosos estabelecem pontes entre diferentes redes, o que estimula processos de cooperação horizontal e vertical entre atores sociais variados. Se, por um lado, eles constroem relações do tipo *bridging*, por outro tais relações geram efeitos negativos para o capital social.

A força da máfia está concentrada em sua capacidade de estabelecer redes. Como mostrou Coleman (1988), é preciso associar a posse do capital social ao poder que o indivíduo tem no interior da rede social. Por isso, do ponto de vista organizacional, os grupos mafiosos possuem uma dupla tendência, a qual reforça o argumento de que é preciso pensar na complementaridade dos tipos de capital social (*bonding* e *bridging*): de um lado, objetivam um fortalecimento interno e, de outro, buscam uma flexibilização externa. O primeiro se volta para os afiliados agrupados em um território circunscrito. A segunda tem a ver com a rede de aliados e os contatos com atores que podem estar dispersos. Assim, os mafiosos estabelecem laços fortes no interior do grupo e laços fracos com grupos externos.

> Geralmente, a predominância de laços fracos permite que a rede mafiosa se estenda em direção ao exterior. Os laços fracos são dotados de uma força particular, pois tendem a se ramificar, estabelecendo conexões entre indivíduos heterogêneos e tornando a rede

mais aberta e dinâmica. Os mafiosos tendem a se colocar como intermediários entre diversas redes. Eles se comunicam, mas deixam diversos grupos da rede incomunicáveis. Dessa forma, a máfia explora o buraco estrutural das redes. (Sciarrone, 2000, pp. 50-1)

O conceito de buraco estrutural indica a ausência de relações entre universos sociais distintos. A existência desses buracos estruturais confere aos mafiosos a oportunidade de se apresentarem como intermediários capacitados para assumir o controle do fluxo de informações e da coordenação da ação entre os atores que se encontram em diferentes pontos da rede. Desse modo, eles conseguem alimentar laços fracos do ponto de vista da extensão e da diversificação das redes, aumentando o controle das relações.

Em muitos aspectos, as organizações mafiosas, criminosas e terroristas tendem, sobretudo com o efeito da globalização, a apresentar similaridades e especificidades, tanto organizacionais quanto nas formas de interação baseadas na confiança e na reciprocidade, mas sempre com a imposição de constrangimentos e limites a seus membros. O mais instigante é perceber as novas dimensões dessas organizações criminosas, seja nos contatos com a mídia, seja no envolvimento com os grupos de apoio.

No Brasil, especialmente nas metrópoles, a análise da criminalidade – em particular no campo do tráfico de drogas e armas, que tem como *locus* as favelas, as periferias e as prisões – configura-se como um campo fértil para a compreensão dos atributos do capital social negativo.

O capital social negativo no contexto da periferia brasileira: crime organizado e o caso do PCC

Segundo Zaluar (2007), a crescente segregação do espaço urbano das grandes metrópoles brasileiras, além de aprofundar a tendência de autoisolamento das camadas superiores em condomínios fechados, contribui para a formação de territórios que concentram uma população sufocada pelo acúmulo de vários processos que a vulnerabilizam socialmente e alimentam a pobreza e as desigualdades. É nos bairros periféricos e nas favelas que se concentram pessoas desligadas do mercado formal de trabalho e vivenciando as consequências da fragilização do universo familiar.

As periferias brasileiras são, portanto, territórios que tendem a concentrar uma espécie de capital social negativo, "materializado pela combinação de vários mecanismos articulados com a expansão da violência" (Ribeiro, 2007). Nos bairros populares, a violência produz efeitos desorganizadores, sobretudo quando associada ao tráfico de drogas e de armas. Ela cria um clima de conflito social e uma cultura do medo que diminuem significativamente a eficácia normativa necessária às práticas e às relações de solidariedade, mantidas especialmente pelos jovens moradores dos bairros populares. Como mostrou Zaluar (2007), aqueles que são recrutados pelas organizações criminosas adquirem rapidamente uma enorme gama de recursos, sejam eles armas ou dinheiro. Sabemos que não é só nas favelas que acontecem coisas ruins. Todavia, a presença da violência associada ao tráfico de drogas estimula a construção de preconceitos que marcam os trabalhadores pobres como subcidadãos, e caracterizam seus territórios como "marginais". Tais práticas promovem imagens negativas dos moradores das favelas e dos bairros populares, que passam a ser vistos como únicos responsáveis pelo caos urbano. Essas imagens inspiram e reforçam práticas discriminatórias da sociedade por meio das quais se constituem julgamentos e discursos estigmatizantes.

Como consequência, nos bairros populares, segundo Ribeiro (2007), pode-se observar o predomínio de valores radicais que sustentam uma guerra civil feudalizada. Os atores dessa guerra, embasados na crença da supremacia da coragem e da lealdade, buscam referências em um quadro social de faccionalismo fratricida. Prevalece um tipo tosco de concepção de sociedade, segundo o qual "o que vale" é a solidariedade entre os "irmãos" que estão na cadeia e aqueles que, posicionados do lado de fora de presídios, "lutam" para ajudá-los. Com a degradação da lealdade comunitária tradicional, relações exclusivistas são estabelecidas entre os membros de organizações criminosas. Um bom exemplo dessas relações está no modo de organização das facções criminosas nos presídios brasileiros. Segundo Lessing (2008, p. 60),

> No Rio, diferentemente do que ocorre em outras cidades, a prisão ou extermínio de um dono monopolista não leva à fragmentação do mercado de drogas da comunidade. Ao contrário, ocorre a nomeação de um substituto, normalmente feita pela liderança presa da facção e quase sempre com o seu aval. Dessa forma, o

domínio das penitenciárias não apenas ajuda a impedir vácuos de poder e lutas internas, como também resolve problemas de recursos humanos e recrutamento. O controle das facções sobre a vida na prisão promove a socialização dos recrutas, a transmissão de capital social entre os presos mais jovens e os mais velhos, e representa oportunidades de aprendizado para os candidatos a futuros líderes. Mesmo quando esses mecanismos não bastam para proporcionar uma sucessão tranquila, a fragmentação dos mercados locais é muito rara, uma vez que as lutas internas em geral resultam na ascensão de um chefe bem armado pertencente a um comando rival, que aproveita a chance para assumir o posto.

De maneira geral, podemos dizer que, na América Latina, os presídios são administrados pelos próprios presos, que, com a ajuda de celulares e equipamentos de alta tecnologia, negociam com a administração e com seus comparsas (também presos) para obter certos benefícios ou para alcançar o controle interno das prisões (Dammert e Arias, 2007).

A formação do crime organizado especificamente no Brasil possui características que a diferenciam da constituição das organizações mafiosas na Itália e nos Estados Unidos, por exemplo. Nesses dois países, os laços de reciprocidade e confiança são estabelecidos com base em elementos étnicos, raciais, de consanguinidade ou que aproximam as pessoas de mesma procedência geográfica. No Brasil, de forma contrária, as redes que associam grupos de criminosos derivam das próprias ações desses grupos e das condições nas quais elas são arquitetadas e executadas. Temos de considerar, ainda, a associação entre as organizações criminosas e o universo das prisões, ao qual pertencem grande parte de seus membros (Adorno e Salla, 2007).

O aumento da violência e dos crimes no Brasil se dá em um contexto de intenso envolvimento de indivíduos de classes desfavorecidas com atividades do mercado informal[34] e com o tráfico de drogas. Este último recruta, geralmente, cidadãos empobrecidos que, sem perspectivas de progresso na vida, se submetem a regras e comandos sobre os quais não possuem nenhum controle. A intrínseca ligação entre a pobreza e o crime se faz mais visível nas periferias e favelas, onde hoje se concentram organizações criminosas complexas, articuladas em redes que possuem, ao mesmo tempo, pontos de solidariedade e rivalidade. Essa rivalidade é frequentemente resolvida com o uso de armas de fogo, criando-se um "culto viril aliado a exibições violentas de poder" (Zaluar, 2007, p. 45).

O universo do crime atrai muitos jovens, que, seduzidos pela facilidade de obtenção de dinheiro e status perante os grupos dominantes nas favelas, são envolvidos nos conflitos armados entre traficantes. As disputas entre traficantes se estabeleceram em várias capitais brasileiras, ainda que com sensíveis diferenças. "No Rio de Janeiro, mesmo que não completamente coordenado por uma hierarquia mafiosa, o comércio de drogas tem um arranjo horizontal eficaz, pelo qual, se faltam drogas ou armas de fogo em uma favela, esta imediatamente as obtém das favelas aliadas" (Zaluar, 2007, p. 45). Apesar de estabelecer pontes entre grupos distintos, essa reciprocidade horizontal, estruturada em uma rede geográfica definida, determina também as condições de aparecimento e de reprodução do capital social negativo. A concentração de recursos e de poder, o reforço de necessidades individualistas e a reprodução de uma confiança restrita são alguns dos principais efeitos das redes do crime organizado.

Essa autora ainda destaca que o contexto da ditadura militar brasileira contribuiu para a grande disseminação do crime organizado. As torturas aplicadas aos presos, as prisões ilegais e a censura, segundo ela, fizeram que vários policiais – antes envolvidos com essas "práticas subterrâneas" (p. 39) – se tornassem membros de grupos de extermínio ou se aliassem aos "bicheiros" (pessoas envolvidas com o jogo do bicho) ou aos traficantes de drogas. Assim, quando o país entrou no período de democratização, não só os agentes penitenciários se viram diante de um sério dilema mas também as políticas penitenciárias passaram a ser estabelecidas em meio ao marco da gestão autoritária e a necessidade de implantação de políticas de humanização nos presídios brasileiros (Adorno e Salla, 2007).

Convivendo com essas contradições, a massa carcerária aumenta e os presos são, em sua maioria, pessoas em estado de grande vulnerabilidade social e econômica, tornando-se alvo fácil de ações arbitrárias e pressões violentas. Assim, ao entrarem nas prisões, tendem a ser cooptados pelas lideranças do crime organizado, deixando-se vencer pelo medo e pela resignação. Para Fernandez (2007), a ausência de esforços do Estado para conter a ação desses líderes e as condições impostas pela superlotação dos presídios atuam como facilitadores do estabelecimento de um poder paralelo, responsável pela imposição de uma ordem arbitrária sobre os demais detentos. Considerando esse panorama, ela destaca que a precariedade do sistema estimula a rede de solidariedade entre os presos, tornando-os dependentes das ordens e diretrizes impostas por grupos organizados. Estes últimos assumem o papel de provedores dos recursos demandados pelos presos em troca de fidelidade e confiança. Pode-se afirmar, então, que as redes de confiança internas aos presídios promovem um capital social de efeitos negativos, uma vez que são baseadas em relações assimétricas, na autoridade do mais forte, na barganha para a obtenção de ganhos pessoais e em normas rígidas que, se desafiadas, preveem a punição e o afastamento dos infratores.

Um exemplo bastante ilustrativo da atuação dessas redes é o Primeiro Comando da Capital (PCC), organização criminosa criada em 31 de agosto de 1993, na Casa de Custódia de Taubaté (o "Piranhão"), por oito detentos que afirmavam pretender combater a opressão dentro do sistema prisional paulista e vingar a morte de 111 presos, em outubro de 1992, no presídio do Carandiru.[35] O líder do PCC, Marcola (Marco Willians Herbas Camacho), fez parte de sua criação, pois, no começo de sua "carreira" criminosa, cumpria pena na Casa de Custódia. Nesse local, Marcola começou a estudar e leu mais de três mil livros, cujo conteúdo em geral estava ligado aos ideais socialistas defendidos por Lênin, Marx e Trotski (Avelar *et al.*, 2006).

A organização hierárquica do PCC merece ser aqui explicada para entendermos como suas normas estritas favorecem um nível reduzido de iniciativa individual, permitindo o reforço de normas que nivelam seus membros por baixo. A estrutura piramidal do PCC tem, em seu topo, os fundadores ou aqueles que alcançaram uma posição de prestígio dentro da entidade criminosa quer por matarem outros presos, quer por executarem ações cujo retorno fosse proveitoso para a organização. Segundo Avelar *et al.* (2006), abaixo dos fundadores estão os "pilotos", presidiários que detêm o poder de mando dentro de determinado presídio ou pavilhão, agindo como representantes dos fundadores ou em situação semelhante à deles. O pavilhão ou presídio sob influência de cada "piloto" é conhecido como "raio", dentro do qual uma nova escala hierárquica se estabelece. Aqueles que ocupam um estrato inferior na hierarquia são os "batizados", membros ativos da sociedade criminosa que têm o privilégio de receber uma cópia do estatuto que contém as regras às quais devem se submeter.

O Estatuto do PCC, divulgado pela imprensa, destaca as normas de autoproteção existentes entre os membros da hierarquia. O texto fala em lealdade, solidariedade e união na luta contra injustiças e opressão dentro das prisões. Citamos a seguir, *ipsis litteris*, os itens que consideramos mais ilustrativos do tipos de norma que o Estatuto define para constranger não só os membros da organização como aqueles que estão fora dos presídios:

> Liberdade! Justiça! E Paz! [...]
>
> 5) O respeito e a solidariedade a todos os membros do Partido, para que não haja conflitos internos, porque aquele que causar conflito interno dentro do Partido, tentando dividir a irmandade será excluído e repudiado do Partido. [...]
>
> 7) Aquele que estiver em Liberdade "bem estruturado" mas esquecer de contribuir com os irmãos que estão na cadeia, serão condenados à morte sem perdão. [...]

9) O Partido não admite mentiras, traição, inveja, cobiça, calúnia, egoísmo, interesse pessoal, mas sim: a verdade, a fidelidade, a hombridade, a solidariedade e o interesse como ao Bem de todos, porque somos um por todos e todos por um. [...]
16) O importante de tudo é que ninguém nos deterá nesta luta, porque a semente do Comando se espalhou por todos os Sistemas Penitenciários do estado e conseguimos nos estruturar também do lado de fora, com muitos sacrifícios e muitas perdas irreparáveis, mas nos consolidamos a nível estadual e a médio e longo prazo nos consolidaremos a nível nacional. Em coligação com o Comando Vermelho – CV e PCC – iremos revolucionar o país dentro das prisões e nosso braço armado será o Terror dos "Poderosos" opressores e tiranos que usam o Anexo de Taubaté e o Bangu I do Rio de Janeiro como instrumento de vingança da sociedade na fabricação de monstros. (Cf. Avelar *et al.*, 2006, pp.16-7)[36]

Pode-se perceber que o PCC é uma organização impregnada de valores rígidos: ao mesmo tempo que prega a solidariedade e a luta contra injustiças, prevê a aplicação de punições como "a morte sem perdão". Em seu item 5, o PCC nos remete ao primeiro efeito negativo do capital social, tal como elaborado por Portes: a exclusão dos *outsiders*. A organização valoriza o fortalecimento interno de seus membros, que, unidos e solidários, compõem uma "irmandade". Aqueles que não se adaptam às normas são estranhos ao PCC, devendo ser excluídos. Nos itens 5, 7 e 9 está presente mais um efeito negativo do capital social: as restrições à liberdade individual. O controle social que se tem sobre os membros internos e externos do PCC restringe, com imposições excessivas, suas ações e dita que condutas devem prevalecer. Vale salientar que os mesmos princípios que sustentam o capital social positivo (solidariedade, cooperação, respeito, bem comum) são usados pelo PCC para estabelecer os critérios que devem vigorar nas relações entre seus membros. Contudo, devido à desigualdade que impera entre eles, à injusta divisão de recursos e status, à imposição de normas elaboradas por poucos e às relações de poder e opressão, esses critérios produzem um tipo de capital social cujos efeitos são vistos como negativos.

No item 16, o PCC demonstra ter estabelecido pontes entre o universo carcerário e outros setores e grupos sociais. Um capital social do tipo *bridging* marca o envolvimento do PCC não só com outras facções criminosas, mas também com outros presos e simpatizantes do movimento. Nesse caso, as relações permitidas pelo capital social *bridging* não instauram uma confiança generalizada, não ampliam o acesso de seus membros a recursos e informações e não acabam com as clivagens sociais. Como destacam Adorno e Salla (2007, p. 24):

> Não se espera, contudo, que o PCC e suas demandas por justiça constituam o embrião da revolução social e da construção de uma nova sociedade baseada na justiça, na igualdade e na democracia. O que está em jogo são interesses em torno de negócios. Suas lideranças não têm pudor punitivo; não hesitam em matar e aplicar justiça sem direito à defesa. Esperam vencer seus inimigos; porém, não esperam conquistar a simpatia, a solidarie-

dade e o apoio daqueles que vivem atormentados por suas ações criminosas. Não têm projeto político para a construção de uma sociedade democrática; sua concepção de sociedade é fundada na concepção do social como família extensa, constelação de interesses materiais e morais.

Fernandez (2007) argumenta que, embora o PCC não se apresente como grupo terrorista e suas ações estejam voltadas ao narcotráfico, a organização tem mostrado interesse na produção de eventos capazes de alcançar grande impacto e visibilidade midiática (já tendo demonstrado sua capacidade para isso).[37] As ações do PCC revelam, em primeiro lugar, o emprego de tecnologias de informação e comunicação para coordenar ações de grande porte e o uso da mídia como meio de projeção no sistema de comunicação política. Em segundo lugar, revelam a utilização de ações de caráter terrorista para atingir metas privadas de grupos criminosos e assegurar a manutenção do poder.

O caso da atuação do PCC na cidade de São Paulo nos mostrou que muitos dos delitos que ocorrem nas principais cidades brasileiras são desenhados, coordenados e efetuados por meio de ordens provenientes das prisões. Como aponta Gilberto Dimenstein (2006), o PCC e seu líder, Marcola, "esfregaram na cara de todos o temor da ingovernabilidade das grandes cidades no geral e das regiões metropolitanas em particular, onde vive a elite política, econômica e cultural do país". Para ele, a atuação do PCC demonstra a dificuldade de implantação de uma política de segurança numa nação povoada por superlotados guetos urbanos, sem perspectivas educacionais e profissionais. Mas existem experiências que, embora raras e com dimensões microscópicas do ponto de vista nacional, configuram-se como uma lente que amplifica alternativas, por articularem, com um mínimo de eficiência, os mais variados projetos, atores e políticas públicas com foco na criança, no adolescente e na família. O capital social positivo pode, assim, ser ampliado e fortalecido por meio da difusão e da implementação de soluções locais que, nascendo nos bairros, podem ajudar a formar uma malha de proteção nas regiões metropolitanas.

6. Capital comunicacional: novas perspectivas de estudo

O capital humano, o capital intelectual, o capital relacional e o capital social têm sido objeto de múltiplas e diversificadas pesquisas. Contudo, os estudos sobre o capital comunicacional[38] são ainda incipientes. Nos últimos anos, alguns pesquisadores têm se aventurado a abordar o tema, propondo caminhos pioneiros para sua tematização e conceituação. Visto que cada autor lança um olhar específico sobre o objeto, é necessário buscar caso a caso um melhor entendimento dos conceitos propostos; de preferência, coligindo-os e comparando-os criticamente.

Ainda é cedo para propor uma estrutura única e universal capaz de definir o capital comunicacional, dado que a pesquisa sobre o tema é recente e o número de estudiosos dedicados a ele está longe de ser satisfatório. Vale lembrar que estamos falando de um campo de pesquisa *em construção*. Entretanto, já é possível notar algumas tendências em meio à diversidade de olhares e conceituações. Neste capítulo, destaco a abordagem da comunicação organizacional, permeada pelas redes sociais e/ou cívicas, como possibilidade pouco explorada e frutífera para o desenvolvimento de estudos sobre o capital comunicacional que é gerado em ambientes institucionais e no domínio das redes cívicas.

O capital comunicacional organizacional

No contexto das organizações, a comunicação é considerada não só como resultado das múltiplas interações entre dirigentes, colaboradores e *stakeholders*[39], mas também como conjunto de estratégias capazes de produzir visibilidade para produtos e marcas e de zelar pela qualidade das relações públicas e das relações com a mídia, agregando valor ao negócio.

Mas a comunicação nas organizações não se restringe à circulação interna de informações, nem à produção estratégica e unidirecional de dados considerados relevantes ao contato e ao bom funcionamento das dinâmicas relacionais entre diferentes setores. Na qualidade de processo relacional, a comunicação deve ser compreendida como ação dialógica capaz de estabelecer articulações entre diferentes colaboradores e contextos ligados à organização, oferecendo alternativas para a negociação de interesses e a coordenação das ações e, por consequência, promovendo o respeito e a confiança mútua.

Segundo Paturel, Richomme-Huet e De Freyman (2005), em um estudo sobre as estratégias relacionais em pequenas cooperativas, uma estratégia é denominada relacional quando se funda não sobre as regras da concorrência, mas sobre as relações que a empresa estabelece com os parceiros no seu ambiente. Ressaltam que, sem descartar a noção de concorrência, ela se torna secundária em relação a um acordo entre os membros da organização. Desse modo, esse tipo de estratégia se diferencia das regras normais do mercado.

Além da dimensão relacional do capital social nas organizações, Nahapiet e Ghoshal (1998) propõem duas outras: a estrutural e a cognitiva. A dimensão denominada relacional se refere à natureza das interações que os atores desenvolvem entre eles e se caracteriza por um forte grau de confiança, pela percepção das obrigações compartilhadas e pela identidade comum. Nesse sentido, o capital social, composto de laços fortes ou fracos entre os indivíduos e grupos, conduz à formação de redes de relacionamento que acabam contribuindo para a melhoria geral do ambiente interno da organização e para a inserção profissional dos indivíduos que participam da rede (Granovetter, 1973), bem como agindo como facilitadoras da aprendizagem organizacional (Fisher e White, 2002). Ainda segundo essa mesma perspectiva, Vale, Amâncio e Lauria (2006) destacam que empresas integradas em redes horizontais podem eliminar ou diminuir a necessidade de constantes negociações e barganhas, reduzindo burocracias e formalidades. Ao mesmo tempo, a dimensão relacional dessa integração gera um fluxo de informações que é essencial para a constituição de cooperação e coordenação nas atividades, e, portanto, de capital social.

A dimensão estrutural é composta pelas diferentes características dos relacionamentos nas organizações, acionadas pela presença ou ausência dos laços sociais e por sua apropriação para a reconfiguração das redes. Dito de outro modo, os laços sociais, segundo

Granovetter (1973), têm duplo aspecto: os fracos, compostos de conhecimentos superficiais e ocasionais, e os fortes, característicos das relações do círculo íntimo do indivíduo. Uma terceira perspectiva é abordada por Burt (1992) e denominada "lacuna estrutural". Nesse caso, a ausência de vínculos entre duas pessoas no ambiente das redes ou associações permite que um terceiro indivíduo faça essa ligação, conferindo-lhe uma posição de controle e poder. Usei esse conceito no Capítulo 5 para explicar as relações entre máfias e organizações criminosas como estratégia de controle.

A dimensão cognitiva do capital social nas organizações se refere aos recursos compartilhados, num sistema de representações sociais, entre os atores da rede; os quais passam a adquirir novos conhecimentos e experiências, atualizando seu quadro preexistente de sentidos (Moscovici, 1976). Assim, independentemente dos códigos e linguagens compartilhados, a emergência dessas experiências e conhecimentos comuns favorece interpretações originais, formais ou informais, do ambiente social e/ou organizacional.

Malmelin (2007) entende o capital comunicacional como um conjunto de recursos que uma organização possui, incluindo tanto as comunicações internas quanto aquelas estabelecidas com *stakeholders* e outros grupos externos à organização. Além dos recursos comunicacionais físicos, o autor considera que o capital comunicacional abrange também competências comunicativas e relações interpessoais. O capital comunicacional possui, assim, uma dimensão que agrega valor e importância aos ativos intangíveis e ao papel que desempenham na organização.

Capital social e comunicação

Existe uma ampla literatura sobre *ativos intangíveis*, um tema que tem despertado o interesse igualmente de pesquisadores da administração, da economia, da contabilidade, das finanças, entre outros.[40] Intangíveis seriam os ativos que não possuem representação física (como máquinas, bens, edifícios), mas que mesmo assim geram valor de mercado e o agregam aos negócios, à instituição, e às pessoas a ela relacionadas. Segundo França (2008), os ativos intangíveis são classificados em quatro categorias básicas: ambiental, estrutural, intelectual e relacional. Nesses tópicos estão incluídos fatores como tecnologia, inovação, design, marcas, comunicação e reputação. Fingerl (2004, pp. 28-9) aponta a existência de doze ativos intangíveis mais significantes: liderança; estratégia; comunicação; marca; reputação; alianças e redes de relacionamento; tecnologia; capital humano; cultura organizacional; inovação; capital intelectual; capacidade de adaptação. Malmelin (2007) considera a comunicação como um ativo organizacional intangível e como capital comunicacional. Por sua vez, Gaines-Ross (2001) afirma que o capital comunicacional é responsável por transformar ativos intangíveis em liderança de mercado, cabendo-lhe, portanto, avaliá-los e comunicá-los.

É importante enfatizar aqui a relevância da comunicação como ativo intangível e, além disso, revelar como o capital comunicacional pode ser gerado no contexto das organizações. Os ativos intangíveis compõem o capital comunicacional, e este, por sua vez, ajuda a constituir os intangíveis que serão refletidos no valor e nos negócios organizacionais. Vale mencionar que, enquanto Levinson (2005) define o capital comunicacional como fluxos informativos que melhoram a capacidade organizacional visando aprender e inovar, faz-se a seguinte indagação (Donath-Burson-Marsteller *et al.*, 2003): o capital comunicacional trará resultados positivos para os negócios?

Ortiz (2006) e Berthon (1996) abordam o capital comunicacional segundo o ponto de vista das organizações e acentuam sua influência nos investimentos em marketing. Seguindo essa mesma perspectiva, Gabriela e Marcel (2007) apresentam o *brand*, a identidade e a cultura como componentes do capital comunicacional, responsáveis por criar e consolidar a imagem da organização. Por sua vez, Murphet (2006) atribui à mídia americana a capacidade de dirigir e gerenciar os desejos coletivos, que constitui seu capital comunicacional. Murphet se encontra na intersecção de perspectivas de marketing (relações com a mídia), gerenciais e simbólicas. A abordagem por ele desenvolvida merece um olhar mais detido, pois a característica apontada pelo autor ultrapassa a fronteira americana. O desenvolvimento das pesquisas nessa área vem indicando o crescente envolvimento da mídia nas organizações, não apenas como elemento responsável pela produção e circulação das informações mas também como constituinte dos processos sociais e políticos.[41]

O modelo integrado de capital comunicacional proposto por Malmelin (2007) privilegia as seguintes dimensões: estruturas comunicativas, competências cognitivas e cultura organizacional. De modo a promover a eficácia das interações comunicativas no contexto organizacional, o modelo integra também as dimensões mercadológica, estrutural e humana. Esse autor observa que o capital comunicacional incorporado às práticas organizacionais será capaz de abranger os recursos jurídicos, as bases de dados informacionais, os sistemas gerenciais e culturais, bem como contribuir para a melhoria das habilidades e competências dos colaboradores e para o desenvolvimento das relações que a organização mantém com seus clientes e *stakeholders*.

Quanto à articulação de dimensões relacionais e gerenciais, Mulholland (2005) ressalta a importância das interações face a face no interior das organizações, concebendo as conversações nesse ambiente como capital comunicacional. Para ela, mesmo a mais breve conversa interpessoal pode ter relevância para os negócios. Aggestam (2006) também analisa a comunicação segundo essa perspectiva, enfatizando as conversações e ações voltadas para o entendimento, uma estratégia eficaz para a solução de problemas organizacionais. Para Keenan (2007), as organizações são sistemas de relacionamento comunicativos e o capital social diz respeito ao potencial dos atores organizacionais para promover conhecimento capaz de agregar valor aos *stakeholders*. Dessa forma, os diversos atores organizacionais estariam imersos em comunidades do saber e do sentir, e estas seriam as produtoras e o produto do capital comunicacional nas organizações.

Sendo a comunicação organizacional constituída por elementos relacionais, gerenciais, estratégicos e dialógicos, é possível perceber sua proximidade com o que tem sido definido como capital comunicacional. Ainda mais quando observamos que, nas redes sociais, as interações servem à comunicação interna, ao gerenciamento de informações e aos objetivos de aproximação entre a organização e seus públicos de interesse. Antes de tratarmos da articulação das redes sociais no ambiente organizacional será preciso refletir sobre alguns conceitos de organização de acordo com a perspectiva da comunicação organizacional.[42]

Organizações comunicantes

Organizações são unidades sociais deliberadamente constituídas e reconstituídas para atingir metas. São baseadas em divisões de trabalho, poder e responsabilidades de comunicação e planejadas para a realização de determinados objetivos. Incluem também um ou mais poderes centralizadores, atuando mediante um sistema de avaliação contínua para que possam adequar sua estrutura e aprimorar sua eficiência. Além disso, adotam a substituição regular de times para que novos grupos assumam os desafios. Mas, para que a organização exista, é necessário que ela se constitua num processo de comunicação e que assuma a tarefa de reconhecer-se como um projeto em autoconstrução.

Como salientam Oliveira e Paula (2008), as organizações são atores sociais coletivos, agentes de práticas discursivas que estabelecem relações com diferentes grupos, conforme as circunstâncias e os interesses que regem esses contatos. Assim, é *na* e *pela* comunicação que as organizações vivem, e graças a ela as reconhecemos. Tudo aquilo que pode ser expresso e compreendido deve necessariamente se produzir no contexto de uma organização humana qualquer. E é por aquilo que dizemos, por aquilo que ficamos sabendo sobre elas, que as organizações adquirem sua forma, orientação e razão de ser (Thayer, 1993).

A organização se consolida por meio do sentido compartilhado que os membros possuem de suas estruturas fundamentais. Ou seja, aquilo que esses membros acreditam, intersubjetivamente, ser a organização, ainda que imaterial (percepções e relações compartilhadas), dá forma às suas bases. E, por estar em processo de mudança constante, mesmo que intangível e simbólica, possui a capacidade de afetar e transformar a realidade.

Cabe aqui fazer uma relevante distinção terminológica. Fábia Lima (2008) chama a nossa atenção para o fato de que três expressões vêm sendo usadas de maneira indistinta para associar a comunicação às organizações: comunicação nas organizações, comunicação das organizações e comunicação organizacional.[43] A primeira expressão dá a entender que a comunicação estaria vinculada a um ambiente físico, restringindo-se aos "grupos de pessoas que integram o ambiente interno da organização, ou seja, seus públicos internos, podendo representar os esforços de comunicação entre eles, do público interno com a organização ou da organização com eles" (p. 112). A segunda expressão gera o entendimento de que a comunicação é algo que "pertence à organização e, como tal, pode ser entregue a outra ou a alguém" (*ibidem*). Já a expressão "comunicação organizacional" toma a organização como um ator social complexo e em interação. Assim, as organizações são vistas como "sujeitos sociais que tecem relações a partir de discursos (formas simbólicas que trazem as marcas de sua produção, dos sujeitos envolvidos e do contexto), em situações singulares (dentro de um ambiente específico)" (p. 114).

Uma segunda questão da mesma ordem poderia ser esboçada nos seguintes termos: qualquer que seja sua forma, as organizações são mais do que *meios* a serviço de determinados fins, humanos ou sociais. Elas não são apenas instrumentos ou procedimentos complexos para alcançar objetivos. As organizações são, ao mesmo tempo, protagonistas de relações sociais e espaço no qual se desenvolvem interações comunicativas plurais. Por isso, é fundamental pensar no papel da comunicação na representação dos interesses da organização e de seu público.

Toda forma de vida deve examinar de maneira seletiva e estratégica o seu entorno, e, quando se desloca e muda no espaço ou no tempo, deve "comunicar" aos outros componentes seus novos objetivos e direções. É assim que se comportam, por exemplo, os cardumes ou as aves em revoada: buscam comunicar seu rumo de modo "eficaz" para que funcionem adequadamente.

Todas as criaturas e coletividades guiadas geneticamente são pré-programadas para conhecerem aquilo que têm necessidade de saber. Contudo, a metáfora nem sempre se aplica aos seres humanos e às organizações. No contexto da organização, decidir o que é pertinente e o que não o é nem sempre resulta em acerto. Algumas organizações fracassam, outras são bem-sucedidas devido às decisões que seus gestores tomam. No entanto, a tomada de decisões também exige o desenvolvimento de competências comunicativas dos gestores da organização.

Thayer (1993) entende por "competências de comunicação" a capacidade de "estar em comunicação com" e de "se comunicar com", ou seja, a capacidade de identificar aquilo que é pertinente em relação à busca dos interesses da organização em seu meio; inclui, ainda, o recrutamento dos parceiros de interesse para a missão. E também, a habilidade de "enxergar", em todo o seu conjunto, a trajetória que a organização deve tomar para gerenciar as ameaças e as oportunidades, além do ponto em que os interesses da organização e de seu meio convergem ou divergem.

Como colocar essa competência comunicativa a serviço da organização? Tomemos um exemplo simples: "os resultados da vida da organização não vêm daquilo que é dito, nem dos fatos, nem da lógica, nem da 'realidade', mas têm origem essencialmente na interpretação que as pessoas fazem do que acontece. Toda interpretação depende, em última instância, daquele que a formula, e não da 'mensagem' que é o objeto dessa interpretação" (Thayer, 1993). Assim, a questão envolvendo a "comunicação" nas organizações não consiste, a não ser marginalmente, em saber como "se comunicar melhor" (seja lá o que isso possa significar), mas em saber como selecionar e capacitar as pessoas para se tornarem os intérpretes do projeto e dos seus impactos na organização e na sociedade como um todo. Isso significa que os membros da organização devem não somente ser mais eficazes quanto ao plano estratégico, mas também se tornar os agentes mais indicados para interpretar o ambiente, otimizando a relação da organização com seus colaboradores.

A organização não é uma coleção de pessoas, espaços e operações, mas constitui um padrão de relações entre todos os elementos mencionados. A existência dessas relações depende dos que formam a organização e creem nela, tecendo entre eles uma rede em constante transformação. Trata-se de superar a ideia de que a atividade dos comunicadores organizacionais consiste, prioritariamente, em informar, persuadir e motivar os *stakeholders*. O que se busca são as condições e os processos adequados para que os membros da organização se transformem em uma comunidade de significados e alcancem níveis ótimos de compromisso e responsabilidade. Tal transformação tende a conferir um sentido de pertencimento e participação às ações dos membros. Assim, a noção de empresa precisa ser considerada no sentido etimológico, ou seja, como um grupo que deseja "empreender" em conjunto. Desse ponto de vista, a empresa representa intrinsecamente o "projeto". Sem ideia inicial nem uma visão prospectiva, a organização não existe.

Em uma economia globalizada, as empresas alcançam grandes dimensões, integrando regiões localizadas em várias partes do mundo. Internacionais, multiculturais e multissetoriais, as empresas buscam dar densidade e integridade a esse corpo unitário, quer dizer, governável. Por outro lado, as exigências da competitividade e de flexibilidade estão ligadas mais à gestão de pessoas do que à simples rentabilidade dos equipamentos de produção.

Para que o "empreender juntos" seja possível, a realização do projeto tem de contar com a adesão dos que tocam o empreendimento a cada dia. E, para isso, as redes sociais e a comunicação que articula as conversações (face a face ou mediadas) são de fundamental importância. Bagnasco (2006) objetiva mostrar como o conceito de capital social pode se tornar útil para a análise das organizações e como, ainda, pode contribuir para a formulação e viabilização das políticas sociais. Nesse caso é necessário, então, demarcar duas concepções de capital social: uma que pode ser qualificada como sistêmica ou culturalista e outra classificada como relacional ou interativa.

Na concepção sistêmica ou culturalista, o capital social é "fruto de uma cultura de cooperação, capaz de provocar uma confiança interpessoal crescente, uma cultura que certamente facilita comportamentos individuais convergentes e é a origem do capital social que compartilha tais valores" (Bagnasco, 2006, p. 52).

Na concepção relacional ou interativa, adotada por Coleman (1990) e por outros estudiosos que abordaram o tema das redes sociais, o capital social é constituído pelos recursos e pela ação resultante do ambiente de relações cooperativas nas quais o indivíduo está inserido – relações que implicam continuidade e reconhecimento mútuo entre os agentes sociais, de tal sorte que a interação deixa de ser puramente instrumental.

A comunicação corresponde, assim, ao indicador e ao agente de uma nova concepção da organização. Comunicar (o projeto) é apoderar-se das ideias de todos (que fazem parte da empresa) e propor algumas delas como referência. Dessa forma, o capital social constituído nessa rede organizacional pode ir além das soluções gerenciais e ser entendido como o capital comunicacional que dá sentido às metas do projeto estabelecido pela organização.

Capital comunicacional nas redes sociais

O capital comunicacional pode ser identificado por padrões de redes sociais. As interações comunicativas que se estabelecem entre diferentes setores e grupos da sociedade organizada tendem a gerar redes e fluxos de informações que se expandem para públicos cada vez mais amplos. Os processos de articulação dos indivíduos em redes potencializam não só as oportunidades de aprofundamento reflexivo de conversações informais, mas também alimentam práticas cívicas e participativas, colaborando para um aumento das trocas e debates críticos entre diferentes grupos sociais.

Nesse sentido, autores como Thurlow (2001, 2003 e 2005) e Jeffres *et al.* (2007a e 2007b) buscam compreender como o capital comunicacional pode estar ligado a práticas simbólicas e relacionais.[44] Silván (1999) também realiza uma leitura interessante do capital comunicacional, voltada para uma visão relacional e simbólica, e cita três tipos de "bens coletivos" presentes em comunidades cívicas: capital social de redes, capital de conhecimento e capital comunicacional. Este último é definido como um apoio psicológico relacionado aos atores sociais que partilham desafios e conquistas dentro de um quadro comum de entendimento.

Jeffres *et al.* (2007b), por estarem interessados no engajamento e na ação cívica, propõem integrar as pesquisas nas áreas de comunicação, capital social e engajamento cívico de modo a definir o capital comunicacional "como padrões comunicacionais que facilitam a solução de problemas sociais na comunidade". A princípio, todas as formas de comunicação seriam capazes de conectar as pessoas visando à solução de problemas sociais considerados relevantes. De modo mais específico, esses autores se mostram mais preocupados em associar o capital comunicacional à mobilização cívica das pessoas diante de problemas de interesse coletivo. Para eles, as ações capazes de ligar civicamente as pessoas e facilitar a solução comunitária de problemas parecem ser, ao mesmo tempo, causa e consequência do capital comunicacional. Assim, os autores elaboram um conceito de capital comunicacional composto de várias dimensões ligadas à discussão interpessoal e a questões públicas, que aqui agrupamos em três. A primeira dimensão remete-se às discussões mais informais com familiares, amigos, colegas de trabalho, vizinhos e conhecidos da comunidade. A segunda dimensão está associada aos debates nos contextos cívicos e organizacionais não ligados ao universo do trabalho (como as associações, por exemplo). E a terceira dimensão relaciona-se às questões e negócios públicos dos meios de comunicação, assim como aos elementos destinados à sua vigilância.

Contudo, é preciso salientar que o papel dos meios de comunicação na constituição do capital comunicacional nas redes cívicas e informacionais vai além das funções de mediação e de vigilância. Os fluxos comunicativos que perpassam tais redes dependem intensamente do modo como são sintetizados, organizados e difundidos pelos meios de comunicação. Além disso, é preciso considerar que tais meios também se organizam de maneira rizomática, colocando em relação diferentes perspectivas, contextos e atores. Os meios de comunicação podem, assim, constituir uma esfera na qual fluxos comunicativos de origens diversas são agrupados em perspectivas conflitantes que se entrecruzam e se enfrentam, de modo a originar um debate que ultrapasse os limites dessa esfera.

Ao lado da atuação dos meios de comunicação na elaboração do capital comunicacional, Jeffres *et al.* (2007b) salientam o impacto das conversações informais e cívicas no desenvolvimento do capital comunicacional em comunidades, associações e mesmo em organizações. Instituições como a House of Representatives (2005) e a National Communication Association (2007) consideram que comunidades com estoque de capital comunicacional são mais conectadas, seguras e resilientes, ou seja, propensas a desenvolver um clima compassivo, empático, respeitoso e comunicativo.

Aggestam (2006) ressalta também que o capital comunicacional pode ser entendido como um processo social visto pela óptica das redes, consolidando-se como uma dimensão da competência empresarial essencial à criação e promoção de conhecimento e saber, assim como de outros ativos intangíveis. Nesse sentido, Burt (1992) identificou três aspectos da comunicação em redes que afetam o potencial da comunicação como capital social: acesso, ritmo e referencial. O acesso diz respeito à oportunidade de enviar ou receber mensagens, assim como ao conhecimento dos canais apropriados da rede para a "efetividade da comunicação". O conhecimento das redes formais e informais facilita tanto a escolha de estratégias como a eficiência da comunicação. Saber com quem se pode falar é algo essencial, e está relacionado com o que Garfinkel (*apud* Hazleton e Kennan, 2000) chamaria de "o que cada um sabe". Já o ritmo é uma consequência tanto do conhecimento como da estrutura das redes. No entanto, sendo todos os outros fatores constantes, as organizações que podem se comunicar mais rapidamente têm mais vantagens organizacionais. O referencial indica os processos das redes que facilitam a informação dos atores acerca da disponibilidade e acessibilidade de conexões adicionais da rede; ou seja, algumas redes são mais abertas e acessíveis do que outras. Além disso, a inclusão numa rede pode tornar possível a participação em outras. As redes com alto potencial de referência são mais adequadas para produzir capital social com base em relacionamentos diferenciados do que redes com baixo referencial.

Luoma-Aho (2005) propõe que o processo comunicativo seja visto como o catalisador que torna produtivo o capital intangível e define o capital comunicacional como o conjunto formado pelo conhecimento dos cidadãos, pelas estruturas de comunicação e pelo clima comunicativo, promovendo o diálogo cívico entre os cidadãos, as várias organizações e as autoridades públicas. Para essa autora, o capital social inclui o capital comunicacional. Ela compartilha das ideias de Viherä e Viukari (2003), para quem as habilidades e a inclinação para participar dos assuntos públicos são uma forma de capital imaterial necessária para ativar o diálogo social – que aqui chamamos de capital comunicacional. De forma semelhante, Smith (2001) parece ver o capital comunicacional como capital interacional; e Coutant (2007) o associa às competências interativas.

Vale observar se as dimensões atribuídas ao capital comunicacional convergem ou não, dependendo dos autores. De modo geral, nota-se a imbricação dos diferentes tipos de capital – comunicacional, mercadológico, humano, estrutural, relacional, jurídico, organizacional, social, intelectual. Contudo, é necessário destacar que autores como Mulholland (2005) e Malmelin (2007) relacionam o capital comunicacional ao capital social, destacando seus componentes relacionais, conversacionais e discursivos.

As redes organizacionais e a produção de capital comunicacional

Hartman e Lenk (2001) acreditam que a comunicação pode potencializar o capital social e o cumprimento de metas negociais, sendo um ativo intangível capaz de contribuir para o capital social, ativo da mesma natureza.

Mulholland (2005) propõe a combinação de estudos de comunicação com os do capital social para que se compreenda como os colaboradores contribuem para o crescimento das organizações. Nesse ponto, a teoria e a prática do capital social indicam como a comunicação pode funcionar como ativo no negócio, ou seja, o capital social torna-se a plataforma da análise da comunicação negocial. Para essa autora, a conversa interpessoal é tanto uma atividade relevante para os negócios quanto é parte do capital social de uma organização, sendo que a "conversação organizacional" poderia ser apontada como capital comunicacional.

Como exemplo dessa modalidade de conversação, cito o desenvolvimento de um projeto, o World Café, que oferece uma metodologia específica para estimular, orientar e compartilhar o conhecimento por meio de conversações significativas, estratégicas ou organizacionais. Esse tipo de iniciativa tem proporcionado aos executivos de corporações mundiais, líderes de instituições educacionais e ambientalistas uma prática de conversação cotidiana, já discutida no Capítulo 2 deste livro.

> Na atualidade, estamos ligados como nunca antes em redes de comunicação e compartilhamento de informações pela internet e outras mídias que dão visibilidade aos acontecimentos numa escala ampla e imediata. No entanto, o processo do World Café propõe reavivar as profundas lembranças de nossa espécie em relação a duas crenças sobre a vida humana. Primeiro, que queremos conversar a respeito de temas que são importantes para a nossa vida, e segundo, à medida que conversamos em conjunto, nos tornamos capazes de ter acesso a um conhecimento e sabedoria que se encontra no coletivo. (Brown e Issacs, 2007, p. 14)[45]

Os estudos sobre o capital social nas organizações envolvem um amplo conjunto de fenômenos e conceitos: incluem organizações informais, análise das noções de confiança, cultura e reciprocidade, modalidades de relacionamento nas redes sociais, tendo sido (o capital social) apontado como um "conceito guarda-chuva" (Hirsch e Levin, 1999).[46] Contudo, a busca de uma maior precisão quanto ao fenômeno tem sido relacionada com a questão da integração em vários níveis. Essa perspectiva considera que as ações e interações dos indivíduos e grupos podem ser amplamente facilitadas por suas conexões diretas ou indiretas com outros agentes da rede social.

Em contraste com essa visão de capital social localizado em conexões externas, outras o consideram como o resultado de uma estrutura de interações entre indivíduos ou grupos no espaço social interno (unidades, organizações, comunidades, regiões, nações etc.), e acreditam que tal característica pode atribuir a essas coletividades diversos benefícios associados. Como destacam Nahapiet e Ghoshal (1998), o capital social afeta o desempenho empresarial interno ao interferir na criação e manutenção do capital intelectual das empresas, e resulta de certos tipos de redes funcionais que estimulam ou limitam a ação coletiva. Mas, como vimos no Capítulo 5, o capital social também pode trazer efeitos negativos para as empresas. A má gestão, os conluios e a formação de cartéis podem trazer benefícios para determinados membros das empresas, mas desencadeiam crises com repercussões internas e externas, sobretudo econômicas.

Assim, nota-se atualmente a necessidade de questionar modelos organizacionais fundados na hierarquia, em regras rígidas de conduta e na autoridade centralizada. Autores como Lima (2008) e Mumby (1998) enfatizam a preocupação com a qualidade das relações estabelecidas no ambiente interno, defendendo o investimento em processos comunicativos mais descentralizados e participativos, o que permitiria a emergência de um modelo mais flexível e integrado. O capital comunicacional de uma organização está diretamente ligado ao seu capital social, uma vez que os investimentos em forma de interação interna e externa possibilitam não só o compartilhamento de valores e conhecimento, mas também o fortalecimento de vínculos de cooperação e confiança.

Como todas as outras formas de capital, o capital social é uma fonte de investimentos acompanhado de expectativas de retorno futuro, ainda que de modo incerto. Por meio de esforços visando à integração a essa rede de relacionamentos externos, tanto os agentes individuais como os coletivos podem aumentar seu capital social e ainda ter acesso a informação, poder e solidariedade, e, ao investirem no desenvolvimento de suas relações internas, os grupos organizados podem fortalecer sua identidade e aumentar sua capacidade de mobilização e empreendimento de ações coletivas (Adler e Kwon, 2000), o que está diretamente ligado ao capital comunicacional.

Algumas perspectivas para reflexões futuras

Em primeiro lugar, é importante ressaltar o caráter ainda não totalmente definido da expressão *capital comunicacional*. Nas palavras de Aggestam (2006), o termo pode ter múltiplos significados, dependendo do contexto socioeconômico no qual as interações comunicativas são estabelecidas. Essa autora destaca a imprecisão conceitual do termo, que inclui conjuntos não-definidos de conhecimentos e saberes "novos" e "antigos". Malmelin (2007) também considera a terminologia confusa, e vê pouca diferença de significado entre os conceitos de capital do conhecimento, capital humano, capital intelectual, capital social e capital comunicacional.

Em segundo lugar, é válido salientar o esforço teórico e prático posto em marcha para a construção de uma definição do conceito. Teoricamente, a interdisciplinaridade fica evidente nas tentativas de integração de diferentes pesquisas e estudos. Empiricamente, percebe-se a aplicação do conceito em referência ao ambiente organizacional, especificamente a empresas que visam ao lucro. Inserir o capital comunicacional num ambiente de mercado traz uma dupla possibilidade: de um lado, observa-se e analisa-se o conceito na ação concreta entre colaboradores e *stakeholders* da organização; de outro, sob regras gerenciais, cobra-se do capital comunicacional resultados eficientes.

Em terceiro lugar, para além das particularidades geralmente associadas ao capital (recursos, mensuração, metas, resultados) e à comunicação (informação, fluxos, conversas, debates), chamou minha atenção a facultativa, porém bem-vinda, correlação do capital comunicacional com o capital social. É justamente esse movimento de aproximação entre a noção de capital e a de comunicação que oferece a possibilidade de pensar na constituição dos indivíduos como cidadãos e atores cívicos com base nas interações que estabelecem nas redes sociais, sejam elas organizacionais e/ou cívicas. A confiança, a reciprocidade, a cooperação e o apoio psicológico estão na base da mobilização, do engajamento e das ações coletivas, tanto quanto o cálculo gerencial e a busca do lucro empresarial. A esse respeito, posso afirmar que a abordagem das organizações em rede traz importantes perspectivas de estudo. Acredito que o investimento em pesquisas destinadas a compreender mudanças institucionais (maior integração comunicativa entre diferentes colaboradores em lugar da insistência em sua verticalização) e a criação de redes empresariais pode nos auxiliar a entender como o capital comunicacional se desenvolve em organizações que operam segundo uma perspectiva mais relacional e menos hierarquizada.

Por fim, gostaria de enfatizar que o movimento em direção à constituição de uma visão das organizações como locais dinâmicos, mutáveis e permeáveis ao discurso continua ampliando a visão que hoje temos acerca da comunicação organizacional. Como sugere Mumby (1998), esse entendimento requer estudos que investiguem a relação entre o trabalho e outros domínios, como o lar e a comunidade mais ampla. Para ele, as fronteiras entre esses diferentes âmbitos cotidianos de ação e comunicação são fluidas e se relacionam às transformações das identidades individuais, das concepções de democracia, da distinção entre público e privado etc. Assim, esse autor sugere uma série de temas e tópicos que, além de expressarem a diversidade das atuais pesquisas na área, remetem-se a novas perspectivas de investigação. Entre eles, cito: a ampliação da noção de comunicação organizacional com o intuito de incluir o global, a rede de relações, o virtual, as cooperativas etc.; relações entre tecnologia organizacional e sociedade; estruturas baseadas em grupos (mediadas por tecnologias de comunicação); novas formas de mudança organizacional; novas interações entre as pesquisas de redes e a conexão entre as formas organizacionais globais e locais.

O capital comunicacional não é, portanto, apenas o próximo passo da pesquisa sobre capital social; trata-se, principalmente, de uma alternativa instigante nesse campo de estudos.

Notas

1 O Banco Mundial e a Organização para a Cooperação e Desenvolvimento Econômico (OCDE) se preocupam em enfatizar a influência do capital social no desenvolvimento econômico das nações. Mas um dos grandes méritos da noção de capital social está em mostrar que a democracia não se desenvolve de maneira atrelada aos êxitos da economia de mercado. Como veremos, os trabalhos a respeito do capital social ressaltam que a qualidade da vida das instituições e a vida cívica condicionam o crescimento econômico (Bevort, 2006).

2 A Comunitas, originária da Comunidade Solidária, cita como um dos seus objetivos o investimento no capital social. Ver o site www.comunitas.org.br.

3 Este artigo foi incorporado ao capítulo VI, parte II, do livro *Comunicação e democracia - Problemas e perspectivas*, de Wilson Gomes e Rousiley Maia, 2008.

4 Sobre o aspecto relacional do capital social, Granjon e Lelong (2006) esclarecem: como fenômeno material, ou seja, por não estar no interior dos agentes (como o capital humano está), o capital social é inalienável e não pode ser apropriado nem trocado, o que lhe confere o status de bem público.

5 É importante mencionar aqui o fato de que os autores franceses desenvolveram o estudo do capital social associado às redes sociais, portanto, à sociologia. A tendência presente entre esses autores tem sido a de criar uma abordagem da so-

ciologia dos usos (Jouet, 2000; Flichy, 1995), bem como uma análise dos impactos socioeconômicos e das políticas da sociedade da informação (Miège, 2007; Tremblay, 1995; Curien e Muet, 2003; Bouquillion e Pailliart, 2006; Ponthieux, 2006). Segundo Granjon e Lelong (2006), eis alguns dos estudiosos que se dedicaram à pesquisa sobre redes sociais: em 1980, Paradeise estudou a correlação de salário e escolaridade com o nível de sociabilidade; em 1988, Héran, e, em 2002, Eve analisaram a influência dos mecanismos da homofilia (indivíduos que preferem estabelecer relações com aqueles que se assemelham a eles) sobre o nível salarial e a escolaridade; em 1994, Degenne e Forsé buscaram estabelecer a relação entre o mercado de trabalho e os sexos. Considerando sinteticamente a evolução inicial dos estudos franceses sobre o tema do capital social, vê-se que eles privilegiaram uma abordagem sociocultural, retomando, mais tardiamente, o impacto da emergência das novas formas de sociabilidade proporcionadas pela mídia e pelas tecnologias da comunicação.

6 Fukuyama está presente em pelo menos dois desses três conjuntos temáticos, e é oportuno lembrar que a tese do "fim da história", defendida anteriormente pelo autor (1992), significa a entrada de nossa sociedade em um mundo uniformizado pela economia de mercado. Segundo ele, para se adaptar a essa nova situação é preciso privilegiar o *laissez-faire* – entendido como a expressão das capacidades auto-organizacionais, deixando a política à margem da regulação –, compensando seus efeitos com a ativação do capital social.

7 Uma obra recente de Putnam (*El declive del capital social*, 2003) revela que houve algumas mudanças com relação a esses índices.

8 "No que diz respeito especificamente ao declínio dos níveis de participação política, Putnam acredita poder demonstrar esse fato a partir da mensuração (por meio de sondagens) de cinco dimensões da vida política: comparecimento

às urnas em nível nacional e local, conhecimento político e interesse nos assuntos públicos, militância e outras formas de participação voluntária nas atividades e organizações da política institucional, atividades políticas de alcance comunitário e formas de expressão pública" (Gomes, 2008, p. 232).

9   A virtude cívica se manifestaria nas cidades em que os habitantes votam, obedecem à lei e cooperam entre si, e cujos dirigentes são honestos e empenham-se em garantir o bem comum (Putnam, 1993 e 1995). No limite, a virtude cívica seria o fator que diferenciaria as comunidades bem governadas das mal governadas (Portes, 2000).

10 Hooghe (2002) defende o ponto de vista de que assistir a comerciais de TV está positivamente associado com o enfraquecimento da mentalidade política. Já a relação com o noticiário seria inversa, isto é, haveria uma associação negativa: logo, fortaleceria a mentalidade política.

11 Hooghe cita pesquisas de Milner que tentam correlacionar a exposição midiática de jovens de 14 anos com uma futura propensão a votar, ou seja, com uma futura tendência à participação político-eleitoral.

12 Entre os anos de 1948 e 1952, a venda de televisores nos Estados Unidos salta de 250 mil para 117 milhões de unidades. Em 1951 surgem as redes emissoras, e os televisores estão presentes em 60% das residências americanas. As grades fixas de programação surgem em 1948, quando muitos programas de rádio foram transferidos para a televisão. No final daquele ano, já havia dezenove programas, sendo transmitidos por quatro redes: NBC, CBS, DuMonte e ABC. Em 1962, começa a corrida espacial, é lançado o primeiro satélite e iniciam-se as transmissões ao vivo.

13 A formação da opinião pública apresenta duas dimensões muito importantes: a publicidade e a *accountability* (prestação de contas). Nesse sentido, a grande contribuição de Necker (*apud* Speier, 1972) para a história da opinião pública

não foi propriamente o que escreveu a respeito do seu poder, mas em especial o seu ato inovador de publicar as declarações fiscais (*compte rendu*) do governo de modo que os méritos e falhas de sua política fossem apreciados e julgados pelo público. Madame De Stael, filha de Necker, considerava a inovação como um meio significativo de "pacificação" da opinião pública. O governo, segundo ela, era obrigado (por necessitar do crédito público) a levar em consideração a opinião pública. Todavia, Necker ainda não entendia que a vontade geral do público deveria nortear os rumos das decisões do governo. Seus estudos representam uma fase de transição do ponto de vista pré-democrático para o ponto de vista revolucionário-democrático da opinião pública.

14 Tocqueville (1987), analisando a democracia americana, identificou também a desigualdade social no que se refere à liberdade de expressão na América, enquanto estudiosos românticos e marxistas atacaram as convicções liberais, colocando em dúvida a moralidade, o desinteresse e a capacidade representativa das opiniões da classe média no século XIX.

15 Paralelamente à formação de um público literário maior, as classes médias transformaram a vida musical. Os concertos públicos, para os quais um público anônimo pagava entradas, tomaram o lugar dos concertos dados pelas orquestras particulares nas cortes de soberanos europeus e nas luxuosas residências de grandes fidalgos.

16 Afirma-se que, na primeira parte do século XVIII, Londres possuía nada menos do que dois mil cafés. Na Alemanha, esses pontos de encontro não exerceram a mesma influência sobre a dignidade e o estilo literário dos autores ou sobre os costumes e opiniões do público.

17 Os pesquisadores da Escola de Chicago preocupam-se com as mudanças sociais advindas da emergência dos novos meios de comunicação de massa. Eles se

mostram afinados com as ideias de Tarde segundo as quais o público existe a partir da imprensa. Contudo, vão mais longe, buscando encontrar as condições sob as quais a esfera pública faz emergir os discursos racionais e críticos e as ações correspondentes.

18 Habermas salienta que "a esfera pública constitui principalmente uma estrutura comunicacional do agir orientado pelo entendimento, a qual tem a ver com o espaço social gerado no agir comunicativo, não com as funções nem com os conteúdos da comunicação cotidiana" (1997, p. 92).

19 O capital social que estabelece limites entre os grupos (*bonding relationships*) está relacionado à produção de um capital social negativo, como veremos com mais detalhes no Capítulo 5. Esse capital social negativo faz que os grupos se fechem e passem a ver os outros como diferentes e até potencialmente perigosos. Grupos fechados estabelecem vínculos de confiança restritos e desenvolvem símbolos e rituais para a identificação dos membros confiáveis. O pouco contato que possuem com aqueles que são diferentes restringe as chances de desenvolverem uma confiança generalizada. Assim, conversações cívicas podem não gerar confiança, mas pessoas confiantes podem estar mais propensas a se filiar a grupos cívicos.

20 Os resultados da pesquisa de Rojas (2006) sugerem que prestar atenção às notícias tem efeitos sobre o interesse político, o conhecimento, a eficácia política, enquanto a mera exposição afeta apenas os níveis de participação em associações. Assim, a mera exposição pode ser suficiente para mobilizar os cidadãos em relação a certas formas de ação política. Prestar atenção às notícias não só costuma contribuir para o aumento de nosso interesse, eficácia e conhecimentos políticos como também pode consolidar atitudes de apoio às instituições democráticas.

21 Como contribuições para a discussão recente do conceito e do processo da comunicação pública no Brasil, vale citar a edição número 4 da revista *Organicom*, de 2006, e a obra *Comunicação pública: Estado, mercado, sociedade e interesse público*, organizada por Jorge Duarte (2007), com a colaboração de vários especialistas da área. A contribuição de Luiz Martins no campo da comunicação pública tem sido produtiva e diversificada, abarcando também o jornalismo público, a radiodifusão, a cidadania e a área da saúde.

22 Segundo Dines (2005), as perspectivas, na atualidade, referentes ao Public Broadcasting System (PBS) americano não são animadoras. Sua receita compõe-se de contribuições do público e do Estado, divididas em partes iguais. No entanto, o monolitismo político-religioso (que se tornou majoritário nos Estados Unidos depois da reeleição do presidente Bush) contribui para a queda das doações e, por conseguinte, a queda das dotações.

23 O auge desse momento se dá no Brasil em 2002, com a eleição de um presidente da República com uma história política e pessoal sensível e próxima a essas novas demandas sociais. A referência a essa nova condição não é uma proposta de análise da comunicação no governo Lula; serve apenas para mencionar que uma concepção republicana do Estado encaminha o debate para a consolidação da visão de comunicação pública, substituindo a antiga fórmula de propaganda governamental. Para sintetizar a observação, o que se deu foi uma confirmação da publicidade governamental como abordagem instrumental privilegiada para a comunicação referente ao governo, apartada da política social proposta desde a campanha eleitoral. E essa mesma publicidade passa a ser mencionada como prática de comunicação pública.

24 Recentemente, um cidadão acorrentou-se no plenário do Congresso Nacional para protestar contra o aumento do salário dos parlamentares. Esse cidadão representa a si mesmo e a indignação de um segmento (aposentados) cada vez

mais pobre e sacrificado em função dos parcos proventos que recebem. Espetacular ou não, o fato contribuiu para que o judiciário anulasse o aumento autoconcedido pelos parlamentares brasileiros. Esse acontecimento é um exemplo de ocupação do espaço público por um cidadão para que pudesse falar de si e dos outros. Anteriormente, um movimento social tentou invadir o prédio do Congresso Nacional, mas se comportou com tal grau de vandalismo que deixou de representar os reivindicantes e a causa.

25 Um estudo desenvolvido pelo Institut National de la Statistique et des Études Économiques (INSEE) (*apud* Granjon e Lelong, 2006) também procedeu a uma comparação longitudinal, sendo que relacionou a diminuição das relações informais face a face à estabilidade do tempo de exposição à mídia.

26 Quan-Haase e Wellman (2002) esclarecem que essas conclusões foram baseadas na discussão sobre a relação do uso da internet com o contato social, com base em uma pesquisa prévia do NetLab e usando especialmente os dados da pesquisa (*survey*) de 2000 (disponíveis no site da National Geographic Society).

27 Torsvik (2000), por exemplo, não trata a confiança como uma forma de capital social, mas como uma decorrência de outras formas de capital social, vinculando-a ao desenvolvimento econômico.

28 Uma crítica feita por Levi à obra de Putnam no *New York Times*, em 2001, menciona os estudos de Fukuyama sobre a confiança para demonstrar que Putnam estava errado a respeito da generalização de aspectos positivos ligados ao associativismo. Levi lembra o atentado de Oklahoma (1995) e menciona que Timothy McVeigh e outros conspiradores ligados ao episódio eram membros de uma liga de boliche. Considerando que as relações estabelecidas em associações cívicas também podem gerar efeitos negativos, Levi argumenta que, naquele caso, "seria melhor que jogassem boliche sozinhos".

29 Para Durston (2000), é importante estabelecer distinções claras entre, de um lado, o capital social e suas fontes e, de outro lado, entre o capital social e os outros conteúdos que podem ligar-se às relações sociais. O capital social adere às relações entre as pessoas e consiste nas normas e interações de confiança, reciprocidade e cooperação. Ele implica a cessão voluntária de parte do controle que os indivíduos ou grupos possuem sobre os recursos, como uma decisão racional realizada com a expectativa de que o retorno desse investimento supere o seu custo. Outra matéria-prima usada na construção do capital social – por meio de um investimento de tempo e de esforço – é a identidade compartilhada (étnica, social, sexual, ocupacional, religiosa, local, nacional etc.). Quando esses recursos básicos são aproveitados para a construção de relações recíprocas ou cooperativas, nasce o capital social. Porém, como vimos nesta seção, os mesmos recursos básicos ou precursores do capital social podem ser utilizados por agentes mais poderosos para reforçar relações de dominação e exploração, baseadas, principalmente, na violência e no medo.

30 Enquanto alguns desses recursos são possessões pessoais dos atores, a maioria deriva da posição que o ator ocupa em algum tipo de hierarquia. Recursos como o acesso ao dinheiro, poder, prestígio são mais enraizados em posições sociais e de poder.

31 Para Warren (2001b), as formas de reciprocidade que contam como corruptas são aquelas que devem operar sob a norma da publicidade, mas estão escondidas da visão dos participantes. Os participantes de trocas corruptas as escondem justamente porque sabem que elas não se dão de acordo com norma de justificação pública.

32 Como exemplo, destacamos o seguinte trecho de um rap: "Vida sofrida por causa da situação de ver os manos lá dentro da prisão. O choque invade quando tem rebelião. Paz, justiça, liberdade e igualdade para todos os guerreiros que são puros e verdadeiros" (MC Tartaruga, "Paz, justiça e liberdade" – ver Manso, 2008).

33 Idealmente, segundo Sciarrone (2000), pode-se imaginar que a rede pessoal de um mafioso se alargue em três direções: para baixo, em direção à criminalidade; em direção a seus pares (outros dirigentes mafiosos); e em direção ascendente – aproximando-se dos agentes que protegem os mafiosos e são protegidos por eles (esse tipo de relação é sempre pessoal e privado).

34 É importante dizer que os mercados informais sempre existiram no país, proporcionando uma fonte de renda para os indivíduos de baixa qualificação e que, pela pouca capacitação, não conseguem se inserir no mercado formal de trabalho. Contudo, Zaluar (2007) salienta que o comércio praticado pelos ambulantes nos grandes centros urbanos passou a assimilar objetos roubados a caminhões (transportando cargas diversas nas estradas brasileiras), residências e passantes, fazendo que o que antes era visto como uma saída para o desemprego se misturasse a empreendimentos econômicos criminosos (cf. p. 41).

35 Avelar *et al.* (2006) revelam que o PCC também está presente no Distrito Federal e nos estados do Mato Grosso do Sul, Paraná, Bahia, Rio Grande do Sul e Rio de Janeiro, onde é apoiado pelo Comando Vermelho, outra organização criminosa envolvida com o tráfico de drogas. É importante destacar que, de acordo com dados da polícia de São Paulo, o PCC tem controle efetivo sobre os 140 mil presos do estado e é apoiado por mais quinhentas mil pessoas que estão fora das prisões. A organização está por trás da grande maioria dos casos de extorsão via celular e sequestros ocorridos diariamente na cidade de São Paulo, sendo que tais sequestros são geralmente comandados de dentro da prisão. Motins e rebeliões deflagrados ao mesmo tempo, e com as mesmas reivindicações, são indicativos de que foram originados por ordens dadas pela cúpula do PCC.

36 Um manifesto do PCC foi veiculado à 0h28 da madrugada de 13 de agosto de 2006, pela Rede Globo de Televisão, como condição imposta para a libertação de

um repórter da mesma emissora, sequestrado dezessete horas antes. O sequestro e a imposição da divulgação do manifesto deram continuidade à campanha de ataques iniciada aproximadamente três meses antes contra a polícia da cidade de São Paulo. O texto do manifesto está disponível no site http://www1.folha.uol.com.br/folha/cotidiano/ult95u124974.shtml (acesso em: 15 ago. 2006).

37 No ano de 2006, o estado de São Paulo enfrentou uma onda de violência que resultou em dezenas de mortos durante ataques a órgãos de segurança pública, ônibus e bancos, além de rebeliões simultâneas em diversas cadeias. Os ataques teriam sido ordenados pelo PCC e motivados pela transferência de 765 detentos de presídios da capital paulista para a cadeia de segurança máxima de Presidente Venceslau, no interior do estado. Os alvos foram policiais civis e militares, guardas municipais e agentes penitenciários (Avelar *et al.*, 2006).

38 Embora o levantamento bibliográfico realizado tenha permitido localizar aproximadamente 35 artigos em que o termo é encontrado, em apenas dez deles a expressão "capital comunicacional" consta do título. Na verdade, há três versões em inglês para essa expressão: a) *communication capital*; b) *communicational capital*; c) *communications capital*.

39 A noção de *stakeholders* diz respeito aos diferentes grupos internos ou externos à organização que são diretamente afetados por ela e por suas ações (ou pela ausência delas). Esses grupos têm poder para influenciar as decisões tomadas pela organização (empresas, sindicatos, mídia, comunidade externa, funcionários).

40 Tem havido certo esforço para qualificar e mensurar o impacto, para as instituições, dos ativos intangíveis em comparação com o dos ativos tangíveis. Com o apoio de outras experiências internacionais, a Universidade Federal do Rio de Janeiro (UFRJ), em parceria com o Banco Nacional de Desenvolvimento

Econômico e Social (BNDES), tem desenvolvido uma metodologia de análise da concessão de crédito específica para ativos intangíveis (Nunes, 2008).

41 Matos (2004), em "Questões sobre a mídia contemporânea", aponta algumas características da mídia na atualidade, abordando o papel assumido pelo público e pelos jornalistas com a emergência da internet.

42 Na seção seguinte ressalto a contribuição dos conceitos de Thayer (1993) que se voltam para a relevância da comunicação institucional das organizações e para a importância da empresa como "projeto".

43 O termo "comunicação empresarial" também aparece associado à comunicação organizacional embora se refira a um tipo diferenciado de organização: as organizações privadas. Em contrapartida, o termo comunicação organizacional pretende ser mais amplo e abranger não só as organizações privadas e públicas, mas também aquelas do terceiro setor (Lima, 2008; Kunsch, 2003).

44 É importante mencionar que Thurlow sempre utiliza a expressão capital comunicacional sem aprofundá-la, e parece entendê-la como a habilidade e o poder necessários às novas gerações para lidar com uma realidade contemporânea altamente semiotizada – especialmente em suas interações com os adultos.

45 Na Nova Zelândia e nos Estados Unidos, o World Café inspirou a criação de fóruns locais para sediar conversações sobre temas relacionados a futuros negócios, desenvolvimento sustentável e cooperação comunitária. Vale também conferir o site da National Coalition for Dialogue & Deliberation (www.thataway.org), uma ampla coalizão de organizações voltada ao debate público e ao engajamento cívico.

46 Em relação às organizações, o capital social tem sido considerado estratégia para buscar o sucesso na carreira (Burt, 1992; Gabbay e Zuckerman, 1998), ou tem sido visto como facilitador da troca de informações e inovação de produtos (Hansen, 1998; Tsai e Ghoshal, 1998).

Referências bibliográficas

ABRAMOVAY, Miriam; PINHEIRO, Leonardo Castro. "Violência e vulnerabilidade social". In: FRAERMAN, Alicia (org.). *Inclusión social y desarrollo: presente y futuro de la comunidad iberoamericana*. Madri: Comunica. 2003.

ABU-EL-HAJ, Jawdat. "O debate em torno do capital social: uma revisão crítica". *Revista Brasileira de Informação Bibliográfica em Ciências Sociais*, n. 47, 1º sem., 1999, pp. 65-79.

ADLER, Paul; KWON, Seok-Woo. "Social capital: the good, the bad, and the ugly". In: LESSER, Eric (org.). *Knowledge and social capital*. Woburn: Butterworth-Heinemann, 2000, pp. 89-115.

ADORNO, Sérgio; SALLA, Fernando A. "Criminalidade organizada nas prisões e os ataques do PCC". *Estudos Avançados*, v. 61, 2007, pp. 7-29.

AGGESTAM, Maria. "A network perspective of communication capital and new venture creation in organizations". *Encontro anual da International Communication Association*. Dresden: Dresden International Congress Centre, 2006.

AGUIAR, Neuma (org.). *Desigualdades sociais, redes de sociabilidade e participação política*. Belo Horizonte: Editora UFMG, 2007.

ANDERSON, Benedict. *Comunidades imaginadas*. São Paulo: Companhia das Letras, 2008.

ANDERSON, Rob; DARDENNE, Robert; KILLENBERG, George. *The conversation of journalism: communication, community and news*. Westport: Praeger, 1994.

ARENDT, Hannah. *A condição humana*. Rio de Janeiro: Forense Universitária, 1987.

ARRIAGADA, Irma. "Capital social: potencialidades y limitaciones analíticas de un concepto". *Estudios Sociológicos*, v. XXI, n. 63, 2003, pp. 557-84.

AVELAR, Carolina et al. *Media training e o caso do PCC*. Trabalho apresentado no curso de Gestão Estratégica em Comunicação Organizacional em Relações Públicas, para encerramento da disciplina Assessoria de Imprensa. São Paulo: Escola de Comunicação e Artes, Universidade de São Paulo, jun. 2006.

AVRITZER, Leonardo. *A moralidade da democracia*. Belo Horizonte/São Paulo: Editora UFMG/Perspectiva, 1996.

BAGNASCO, Arnaldo. "Le capital social dans un capitalisme en mutation". In: BEVORT, Antoine; LALLEMENT, Michel (orgs.). *Le capital social: performance, equité et reciprocité*. Paris: La Découverte/Mauss, 2006, pp. 51-70.

BAQUERO, Marcello (org.). *Democracia, juventude e capital social no Brasil*. Porto Alegre: Editora UFRGS, 2004.

BAQUERO, Marcello; CREMONESE, Dejalma (orgs.). *Capital social – Teoria e prática*. Ijuí: Editora Unijuí, 2006.

BAUMAN, Zygmunt. *Globalização: as consequências humanas*. Rio de Janeiro: Jorge Zahar, 1998.

BECK, Ulrich. *O que é globalização?* São Paulo: Paz e Terra, 1999.

BENHABIB, Seyla. "Towards a deliberative model of democratic legitimity". In: BENHABIB, Seyla (org.). *Democracy and difference – Contesting the boundaries of the political*. Princeton: Princeton University Press, 1996, pp. 67-94.

BENTHAM, Jeremy. *Uma introdução aos princípios da moral e da legislação*. São Paulo: Abril Cultural (Coleção Os Pensadores, 1984).

BERTHON, Pierre. "The World Wide Web as an advertising medium: toward an understanding of conversion efficiency". *Journal of Advertising Research*, v. 36, n. 1, pp. 43-54, jan.-fev. 1996.

BEVORT, Antoine; LALLEMENT, Michel (orgs.). *Le capital social: performance, équité et réciprocité*. Paris: La Découverte/Mauss, 2006.

BLUMLER, Jay G. "Elections, media and modern publicity process". In: FERGUSON, Marjorie (org.). *Public communication: the new imperatives – Future, directions for media research*. Londres: Sage, 1990, pp. 101-13. (Tradução livre de Heloiza Matos para fins exclusivamente acadêmicos.)

BORBA, Julian. "Cultura política e capital social na América do Sul". In: BAQUERO, Marcello (org.). *Capital social, desenvolvimento sustentável e democracia na América Latina*. Porto Alegre: Editora UFRGS, v. 1, 2007, pp. 151-68.

BORGATTI, S.P.; JONES, C.; EVERETT, M.G. "Network measures of social capital". *Connections* 21 (2), pp. 10-36, 1998.

BOSCHI, Renato Raul. "Descentralização, clientelismo e capital social na governança urbana: comparando Belo Horizonte e Salvador". *Dados*, v. 42, n. 4, 1999, pp. 655-90.

BOUQUILLION, Phillipe; PAILLIART, Isabelle. *Le déploiement des TIC dans les territoires*. Grenoble: PUG, 2006.

BOURDIEU, Pierre. "Le capital social: notes provisoires". *Actes de la Recherche in Sciences Sociales*, n. 31, 1980, pp. 2-3.

BRANDÃO, Elisabeth. "Comunicação pública". Trabalho apresentado na Intercom 98, no Grupo de Trabalhos de Relações Públicas. Recife, 1998.

BROWN, Juanita; ISSACS, David. *O World Café*. São Paulo: Cultrix, 2007.

BRUCK, Peter; RABOY, Marc. "The challenge of democracy communication". In: *Communication democracy*. Nova York: Black and Rose Books, 1989.

BURT, Ronald S. *Structural holes: the social structure of competition*. Cambridge: Harvard University Press, 1992.

_____. "Le capital social, les trous structuraux et l'entrepreneur". *Revue Française de Sociologie*, v. 36, n. 44, 1995, pp. 599-628.

COHEN, Joshua S. "Deliberation and democratic legitimacy". In: HAMLIN, Alan; PETTIT, Philip (orgs.). *The good polity: normative analysis of the state*. Oxford: Blackwell, 1990, pp.12-34.

COLEMAN, James. "Social capital in the creation of human capital". *American Journal of Sociology*, n. 94 (suplemento), 1988, pp. 95-120.

COLEMAN, James. *Foundations of social theory*. Cambridge: Harvard University Press, 1990.

CONOVER, Pamela; SEARING, Donald. "Studying 'everyday political talk' in the deliberative system". *Acta Politica*, v. 40, n. 3, 2005, pp. 269-83.

CONSEIL DE L'EUROPE. *Public service broadcasting: cultural and educational dimensions*. Paris: Unesco, 1996.

COOLEY, Charles H. *Social organization*. Nova York: C. Scribner's Sons, 1909.

COSTA, Rogério da. "Inteligência afluente e ação coletiva: a expansão das redes sociais e o problema da assimetria indivíduo/grupo". *Razón y Palabra*, n. 41, out./dez. 2004.

_____. *A cultura digital*. São Paulo: Publifolha, 2008 (Série Folha Explica - Novas Tecnologias).

COUTANT, Isabelle. "The sociologist, the juvenile delinquent and the public arena: an ethnographic investigation in the Parisian suburbs of the early 2000s". *Ethnografeast III: Ethnography and Public Sphere*. Lisboa, 2007, p. 7.

CSEPELI, György; CSERE, Gábor. "Inequality and communication networks: the global and the local in mobile communication – Places, images, people, connections" (conferência). Budapeste, 10-2 jun. 2004.

CURIEN, Nicolas; MUET, Pierre-Alain. "La societé de l'information". Relatório apresentado ao Conseil d'Analyse Economique. Paris, 2003, pp. 9-77.

DAHLGREN, Peter. *Television and public sphere*. Londres: Sage, 1995.

_____. "Reconfigurer la culture civique dans un milieu médiatique en evolution". *Questions de Communication*, v. 3, 2003, pp. 151-68.

DAMMERT, Lucía; ARIAS, Patricia. "El desafio de la delincuencia en América Latina: diagnóstico y respuestas de política". In: DAMMERT, Lucía; ZÚÑIGA, Liza (orgs.). *Seguridad y violencia: desafios para la ciudadanía*. Santiago: Flacso, 2007.

DEGENNE, Alain; FORSÉ, Michel. *Les réseaux sociaux*. Paris: Armand Colin, 1994.

DEWEY, John. *La opinión pública y sus problemas*. Madri: Ediciones Morata, 2004.

DIMENSTEIN, Gilberto. "PCC é mal que veio para o bem?" *Folha de S.Paulo*, São Paulo, 22 maio 2006.

DINES, Alberto. "Conceitos de serviço público: media, estatais e privados". Comunicação apresentada no 6º Congresso Internacional de Jornalismo de Língua Portuguesa. Lisboa, 11 jan. 2005. Disponível em http://observatorio.ultimosegundo.ig.com.br/artigos.asp?cod=311CGL002. Acesso em 5 ago. 2005.

DONATH-BURSON-MARSTELLER et al. "Czech managers survey: risks and crises 2003". Praga, nov. 2003. Disponível em: http://www.dbm.cz/pfile/2risks_and_crises_en.doc. Acesso em 11 mar. 2009.

DUARTE, Jorge (org.). *Comunicação pública: Estado, mercado, sociedade e interesse público.* São Paulo: Atlas, 2007.

DUARTE, Jorge; VERAS, Lucia (orgs.). *Glossário de comunicação pública.* Brasília: Casa das Musas, 2006.

DURSTON, John. "Qué es el capital social comunitario?" Cepal, série Políticas Sociales, n. 38, 2000.

EVE, Michael. "Deux traditions dans l'analyse des réseaux". *Réseaux,* n. 115, 2002, pp. 183-212.

FARGE, Arlette. *Dire et mal dire.* Paris: Seuil, 1992.

FERNANDEZ, Luciana Moretti. "Organized crime and terrorism: from the cells towards the political communication – A case study", 2007 (mimeo).

FINGERL, Eduardo Rath. *Considerando os intangíveis: Brasil e BNDES.* 2004. 155 p. Dissertação (Mestrado em Ciências em Engenharia de Produção) – Universidade Federal do Rio de Janeiro, Rio de Janeiro. Disponível em http://portal.crie.coppe.ufrj.br/portal/data/documents/storedDocuments/%7B93787CAE-E94C-45C7-992B-9403F6F40836%7D/%7BF5E6A5EC-592E-44AC-A10A-C9EFD65A9400%7D/EDU-tese.pdf. Acesso em 11 mar. 2009.

FISCHER, Claude. "Bowling alone: What's the score?". *Unpublished Manuscript.* University of California, Berkeley, 2001.

FISHER, Susan Reynolds; WHITE, Margaret A. "Downsizing in a learning organization: are there hidden costs?" *Academy of Management Review,* v. 25, n. 1, pp. 244-51, 2002.

FLICHY, Patrick. *La inovation technique*. Paris: La Découverte, 1995.

FRANÇA, Francis. "O valor do incontável". *Locus*, n. 51, ano XIV, jan. 2008, pp. 22-3.

FUKUYAMA, Francis. *O fim da história e o último homem*. Rio de Janeiro: Rocco, 1992.

_____. *Confiança: as virtudes sociais e a criação da prosperidade*. Rio de Janeiro: Rocco, 1996.

GABBAY, Shaul M.; ZUCKERMAN, Ezra W. "Social capital and opportunity in corporate R&D: the contingent effect of contact density on mobility expectations". *Social Science Research*, v. 27, n. 2, 1998, pp.189-217.

GABRIELA, David Katalin; MARCEL, Şumalan. "Village Plus – A possible formula for the Romanian rural tourism". Oradea: Universidade de Oradea, 2007. Disponível em http://anale.steconomice.evonet.ro/arhiva/2007/economics-and-business-administration/35.pdf. Acesso em 11 mar. 2009.

GAINES-ROSS, Leslie. "Communications capital: the hidden message". *Perspectives on Business Innovation*, n. 7: Valuing Intangibles, 2001, pp. 15-22.

GAMBETTA, Diego. "Mafia: the price of distrust". In: GAMBETTA (ed.). *Trust: making and breaking cooperative relations*. Oxford: Blackwell, 2000, pp. 158-175.

GENRO, Tarso. "O novo espaço público". *Folha de S.Paulo*, São Paulo, 09 jun. 1996. Caderno Mais, p. 3.

GERSTLÉ, Jacques. "Réseaux de comunications, réseaux sociaux et réseau politiques". In: MUSSO, Pierre. *Réseaux et société*. Paris: Presses Universitaires de France, 2003.

_____. *La communication politique*. Paris: Armand Colin, 2005.

GIDDENS, Antony. *A terceira via*. Rio de Janeiro: Record, 1999.

GILENO, Marcelino. *Governo, imagem e sociedade*. Brasília: Fundação Centro de Formação do Servidor Público (Funcep), 1988.

GOMES, Wilson. "Tocqueville não via TV: capital social, democracia e televisão em Robert Putnam". Grupo de Trabalhos de Comunicação e Política, XV Encontro da Associação Nacional dos Programas de Pós-graduação em Comunicação (Compós). Bauru: Universidade Estadual Paulista (Unesp), 2006.

GOMES, Wilson. "Capital social, democracia e televisão em Robert Putnam". In: GOMES, Wilson; MAIA, Rousiley. *Comunicação e democracia – Problemas e perspectivas*. São Paulo: Paulus, 2008, pp. 221-74.

GOMES, Wilson; MAIA, Rousiley. *Comunicação e democracia – Problemas e perspectivas*. São Paulo: Paulus, 2008.

GRANJON, Fabien; LELONG, Benoit. "Capital social, stratifications et technologies de l'information et de la communication". *Réseaux*, n. 139, 2006, pp. 149-73.

GRANOVETTER, Mark. "The strength of weak ties". *American Journal of Sociology*, v. 78, 1973, pp. 1.360-80.

_____. "The strength of weak ties: a network theory revisited". *Sociological Theory*, v. 1, 1983, pp. 201-33.

_____. "Economic action and social structure: the problem of embeddedness". *American Journal of Sociology*, v. 91, n. 2, 1984, pp. 481-510.

GRAU, Nuria Cunill. *Repensando o público através da sociedade: novas formas de gestão pública e representação social*. Brasília: Enap, 1998.

HABERMAS, Jürgen. *Mudança estrutural da esfera pública*. Rio de Janeiro: Tempo Brasileiro, 1984.

_____. *The theory of communicative action*. Volume 2: Lifeworld and system: a critique of functionalism reason. Boston: Beacon Press, 1987.

_____. "L'espace public, 30 ans après". *Quaderni*, n. 18, 1992, pp. 161-91.

_____. *Direito e democracia: entre facticidade e validade*. Rio de Janeiro: Tempo Brasileiro, vol. II, 1997.

HAMPTON, Keith N.; WELLMAN, Barry. "Netville on-line and off-line". *American Behavior Scientist*, v. 43, n. 3, nov. 1999, pp. 475-92.

_____. "The not so global village of a cyber society: contact and support beyond Netville". In: HAYTHORNTHWAITE, Caroline; WELLMAN, Barry (orgs.). *The internet and everyday life*. Oxford: Blackwell, 2002.

HANIFAN, Lyda J. "The rural school community center". *Annals of the American Academy of Political and Social Science*, v. 67, n. 1, 1916, pp. 130-8.

HANSEN, Morten T. "Combining network centrality and related knowledge: explaining effective knowledge across organizations subunits" (working paper). Boston: Harvard Business School, 1998.

HARTMAN, Jackie; LENK, Margarita Maria. "Strategic communication capital as an intangible asset". *The International Journal on Media Management*, v. 2, n. 3, 2001, pp. 147-53.

HAZLETON, Vincent; KENNAN, William. "Social capital: reconceptualizing the bottom line". *Corporate Communications: an International Journal*, v. 5, n. 2, 2000, pp. 81-7.

HÉRAN, François. "La sociabilité, une pratique culturelle". *Economie et Statistique*, n. 216, 1988, pp. 3-22.

HIRSH, Paul; LEVIN, Daniel. "Umbrella advocates versus validity police: a life-cycle model". *Organization & Science*, v. 10, n. 2, 1999, pp. 199-211.

HOOGHE, Marc. "Television and civic attitudes: the effect of television time, programmes and stations". *Ethical Perspectives*, v. 9, n. 4, dez. 2002.

HORRIGAN, J.B. "Online Communities: networks that nurture long-distance relationships and local ties". *Pew Internet & American Life Project*, Washington, DC, 31 out. 2001.

HOUSE OF REPRESENTATIVES. "The role of social science research in disaster preparedness and response". 109th Congress, 10 nov. 2005.

HOWARD, Philip; JONES, Steven. "Embedded media: who we know, what we know, and society online". In: _____ (orgs.). *Society online: the internet in context*. Thousand Oaks: Sage, 2004.

JACOBS, Jane. *Morte e vida de grandes cidades*. São Paulo: Martins Fontes, 2000.

JEFFRES, Leo W. *et al.* "Newspaper reading supports community involvement". *Newspaper Research Journal*, v. 28, n. 1, 2007a. Disponível em http://findarticles.com/p/articles/mi_qa3677/is_200701/ai_n21185406/pg_8?tag=artBody;col1. Acesso em 11 mar. 2009.

JEFFRES, L. W. et al. "Conceptualizing communication capital for civic engagement". Chicago: Annual Conference of the National Communication Association, nov. 2007b.

JOUET, Josiane. "Retour critique sur la sociologie des usages". *Revue Reseaux,* n. 100, 2000, pp. 489-521.

KATZ, Matthew. "University of Texas-El Paso: a borderlands communication capital". *ICA Newsletter,* v. 32, n. 1, jan.-fev. 2004.

KEENAN, James J. "Intellectual capital, communication, and information in organisations and communities". *Human Factors and Ergonomics Society Annual Meeting Proceedings,* 2007, pp. 555-8.

KIM, Joohan; KIM, Eun Joo. "Theorizing dialogic deliberation: everyday political talk as communicative action and dialogue". *Communication Theory,* v. 18, n. 1, 2008, pp. 51-70.

KLIKSBERG, Bernardo. *Desigualdade na América Latina: o debate adiado.* São Paulo: Cortez/Unesco, 2000a.

_____. "El rol del capital social y de la cultura en el proceso de desarrollo". In: *Capital social y cultura: claves estratégicas para el desarrollo.* Washington: BID, 2000b.

_____. *Mais ética, mais desenvolvimento.* Brasília: Unesco; CNI/SESI, 2008.

KUNSCH, Margarida M. K. *Planejamento de relações públicas na comunicação integrada.* São Paulo: Summus, 2003.

KUNSCH, Margarida M. K.; KUNSCH, Waldemar Luiz (orgs.). *Relações públicas comunitárias: a comunicação em uma perspectiva dialógica e transformadora.* São Paulo: Summus, 2007.

LALLEMENT, Michel. "Capital social et théories sociologiques". In: BEVORT, A; LALLEMENT, M. (eds.) *Le Capital Social: performance, équité et réciprocité.* Paris: La découverte, 2006, pp. 71-88.

LANE, Robert; SEARS, David. *A opinião pública.* Rio de Janeiro: Zahar, 1966.

LASCH, Christopher. *A rebelião das elites e a traição da democracia.* Rio de Janeiro: Ediouro, 1995.

LEMOS, André. "Cibercidades: um modelo de inteligência coletiva". Belo Horizonte: XXVI Intercom, Núcleo de TICs, set. 2003.

LESSING, Benjamin. "As facções cariocas em perspectiva comparativa". *Novos Estudos – Cebrap*, n. 80, mar. 2008, pp. 43-62.

LEVI, Margaret. "Capital social y asocial: ensayo crítico sobre Making democracy work, de Robert Putnam". *Zona Abierta*, v. 94/95, 2001, pp. 105-19.

LEVINSON, Nanette. "Communication capital and cross-national alliances". Honolulu: Encontro Anual da International Studies Association, 5 mar. 2005.

LIBOIS, Boris. *La communication publique: pour une philosophie politique des medias*. Paris: L'Harmattan, 2002. Tradução de Caia Fittipaldi para finalidades acadêmicas.

LIMA, Fábia. "Possíveis contribuições do paradigma relacional para o estudo da comunicação no contexto organizacional". In: OLIVEIRA, Ivone; SOARES, Ana (orgs.). *Interfaces e tendências da comunicação no contexto das organizações*. São Paulo: Difusão, 2008, pp.109-27.

LIN, Nan. "Les ressources sociales: une théorie du capital social". *Revue Française de Sociologie*, v. 36, n. 4, out.-dez. 1995, pp. 685-704.

LIN, Nan; BURT, Ronald, COOK, Karen (orgs.). *Social capital: theory and research*. Nova York: Aldine de Gruyter, 2001.

LIPPMANN, Walter. *La opinion pública*. Buenos Aires: Compañia General Fabril, 1969.

LÓPEZ, José Atilano Pena; SANTOS, José Manuel Sánchez. "La dotación de capital social como factor determinante de la corrupción: evidencia empírica al nivel internacional". Madri: IX Reunión de Economía Mundial, abr. 2007.

LUOMA-AHO, Vilma. *Faith-holders as social capital of Finnish public organisations*. 2005. 368 p. Dissertação – Universidade de Jyväskylä, Jyväskylä, Finlândia.

MAIA, Rousiley. "Democracia e a internet como esfera pública virtual: aproximando as condições do discurso e da deliberação". Brasília: X Encontro Anual da Associação Nacional dos Programas de Pós-graduação em Comunicação (Compós), maio-jun. 2001.

MAIA, Rousiley. "Dos dilemas da visibilidade midiática para a deliberação pública". In: LEMOS, André *et al.* (orgs.). *Mídia.br*. Porto Alegre: Sulina, 2004, pp. 9-38.

MAIA, Rousiley; MARQUES, Ângela; MENDONÇA, Ricardo. "Interações mediadas e deliberação pública: a articulação entre diferentes arenas discursivas". In: PRIMO, Alex *et al.* (orgs.). *Comunicação e interações – Livro da Compós 2008*. Porto Alegre: Sulina, 2008, pp. 93-110.

MALMELIN, Nando. "Communication capital: modelling corporate communications as an organizational asset". *Corporate Communications: an International Journal*, v. 12, n. 3, 2007, pp. 298-310.

MANSBRIDGE, Jane. "Everyday talk in deliberative system". In: MACEDO, Stephen (org.). *Deliberative politics: essays on democracy and disagreement*. Oxford: Oxford University Press, 1999, pp. 211-39.

MANSO, Bruno Paes. "No proibidão, letras fazem apologia ao PCC". *O Estado de S. Paulo*, São Paulo, 23 nov. 2008. Caderno Cidade, p. C5.

MARQUES, Ângela. "Os meios de comunicação na esfera pública: novas perspectivas para as articulações entre diferentes arenas e atores". *Líbero*, n. 21, 2008, pp. 23-36.

MARQUES, Ângela; MAIA, Rousiley. "A conversação sobre temas políticos em contextos comunicativos do cotidiano". *Política & Sociedade*, v. 7, n. 12, 2008, pp.143-75.

MARTINS, Luiz; BRANDÃO, Beth; MATOS, Heloiza. *Algumas abordagens em comunicação pública*. Brasília: Casa das Musas, 2003.

MATOS, Heloiza. "Desafios da comunicação pública no processo de democratização no Brasil". *Revista Comunicações e Artes*, v. 17, n. 30, 1997, pp. 22-30.

_____. "Comunicação pública, democracia e cidadania: o caso do legislativo". *Líbero*, v. 2, n. 3-4, 1999, pp. 32-7.

_____. "Comunicação pública e comunicação global". *Líbero*, v. 3, n. 6, 2000, pp. 64-9.

_____. "Um discurso político oculto na comunicação institucional do governo Médici". *Communicare*, v. 1, 2004, p. 54.

_____. "Questões sobre a mídia contemporênea". In: LOPES, Boanerges; VIEIRA, Roberto Fonseca (orgs.). *Jornalismo e Relações Públicas: ação e reação –*

uma perspectiva conciliatória possível. Rio de Janeiro: Mauad, 2004, v. 1, pp. 55-64.

MATOS, Heloiza. "Posicionamento e divisão de áreas da comunicação pública". Brasília: Seminário de Comunicação e Mídia Pública, Grupo de Mídia de Brasileira, 2005.

_____. "Comunicação política e comunicação pública". *Organicom*, v. 4, n. 3, 2006, pp. 58-73.

_____. "Comunicação pública, esfera pública e capital social". In: DUARTE, Jorge. *Comunicação pública, Estado, mercado e interesse público*. São Paulo: Atlas, 2007a, pp. 47-58.

_____. "TICs, internet e capital social". *Líbero*, n. 20, dez. 2007b, pp. 57-68.

_____. "Comunicação pública e capital social: dimensões e interfaces". In: JESUS, Eduardo de; SALOMÃO, Mozahir (orgs.). *Interações plurais: a comunicação e o contemporâneo*. São Paulo: Annablume, 2008, pp. 63-81.

_____. "Engagement civique et participation politique: controverses sur les TICs et le déclin du Capital Social". *Les Enjeux de l'information et de la Communication*, 2008. Disponível em http://w3.u-grenoble3.fr/les_enjeux

MATOS, Heloiza; NOBRE, Guilherme. *Comunicação para uma gestão cidadã*. Ceará/Brasília: Escola de Formação de Governantes/Editora do Senado Federal, 2001.

MELO, Celso A. Bandeira de. "A democracia e suas dificuldades contemporâneas". *Revista de Informação Legislativa*, ano 35, n. 137, jan.-mar. 1998, pp. 255-65.

MIÈGE, Bernard. "Le pouvoir y les systèms d'information: s'interroger sur les enjeux fondamentaux". *Textos de Comunicação e Cultura*, fase II, n. 34, 1996.

_____. "La societé de l'information: toujours aussi inconcevable". *Revue Européenne des Sciences Sociales*, v. XL, n. 123, 2002, pp. 41-54.

_____. *La société conquise par la communication: les TIC entre innovation technique et ancrage social*. Grenoble: PUG, 2007.

MOSCOVICI, S. *La psychanalyse, son image et son public*. Paris: PUF, 1976.

MOY, Patricia; GASTIL, John. "Predicting deliberative conversation: the impact of discussion networks, media use, and political cognitions". *Political Communication*, v. 23, n. 4, 2006, pp. 443-60.

MULHOLLAND, Joan. "Communication capital: a manifestation of social capital and an analytic method". The 7th ABC European Convention. Copenhague: Copenhagen Business School, maio 2005.

MUMBY, Dennis K. "Organizational communication". In: RITZER, George (org.). *Encyclopedia of sociology*. Nova York: Blackwell, 1998, pp. 3.290-9.

MURPHET, Julian. "Postmodernism as American studies". *Australasian Journal of American Studies*, v. 25, n. 2, dez. 2006, pp. 65-76.

MUSSO, Pierre (org.). *Réseaux et société*. Paris: PUF, 2003.

NAHAPIET, Janine; GHOSHAL, Sumantra. "Social capital, intellectual capital, and the organizational advantage". *Academy of Management Review*, v. 23, n. 2, 1998, pp. 242-66.

NATIONAL COMMUNICATION ASSOCIATION. *Spectra* (newsletter), v. 43, n. 2, 2007.

NORRIS, Pippa. "Does television erode social capital? A reply to Putnam". *PS: Political Science and Politics*, v. 29, n. 3, set. 1996, pp. 474-80. Tradução de Angela Cristina Salgueiro Marques para fins acadêmicos.

_____. "Knows little? Information and choice". In: *A virtuous circle – Political communication in postindustrial societies*. Cambridge: Cambridge University Press, 2000, pp. 208-32.

_____. "The bridging and bonding role of online communities". In: HOWARD, Philip; JONES, Steve (eds.). *Society online communities: the internet in context*. London: Sage, 2003, pp. 31-41.

NORRIS, Pippa; DAVIS, James. "A transatlantic divide? Social capital in the United States and Europe". Bruxelas: European Social Survey Launch Conference, 25-6 nov. 2003. Tradução de Angela Cristina Salgueiro Marques para fins acadêmicos.

NUNES, Gilson. *A necessidade de mensurar os ativos intangíveis e a marca*. São Paulo: Brand Finance do Brasil, 2008.

OLIVEIRA, Ivone; SOARES, Ana Thereza N. (orgs.). *Interfaces e tendências da comunicação no contexto das organizações*. São Caetano do Sul: Difusão, 2008.

OLIVEIRA, Ivone; PAULA, Carine de. "Comunicação no contexto das organizações: produtora ou ordenadora de sentidos?". In: OLIVEIRA, Ivone; SOARES, Ana Thereza N. (orgs.). *Interfaces e tendências da comunicação no contexto das organizações*. São Caetano do Sul: Difusão, 2008, pp. 91-108.

OLIVEIRA, Maria José da Costa (org.). *Comunicação pública*. Campinas: Alínea, 2004.

ORTIZ, Miguel Angel Axtle. "Intellectual capital (intangible assets) valuation – Considering the context". *Journal of Business & Economics Research*, v. 4, n. 9, set. 2006, p. 39.

OSTROM, Elinor. "Capital social negativo ou perverso". *Estudos Sociológicos*, v. 21, n. 63, 2003, pp. 572-4.

PAILLIART, Isabelle. "Les enjeux locaux de la démocratie électronique". *Hermès*, n. 26-27, 2000, pp. 129-38.

PAIVA, Raquel. *O espírito comum: comunidade, mídia e globalismo*. Rio de Janeiro: Mauad, 2003.

PARADEISE, Catherine. "Sociabilité et culture de classes". *Revue Française de Sociologie*, v. 21, n. 54, 1980, pp. 571-97.

"PARCOURS de recherche". Entrevista com Theda Skocpol. *Raison Politiques*, n. 6, 2002.

PATUREL, Robert; RICHOMME-HUET, Katia; DE FREYMAN, Julien. "Du capital social au management relationnel". Artigo apresentado na XIV Conférence Internationnale de Management Stratégique. Angers, 2005. Disponível em http://www.strategie-aims.com/angers05/com/99-904comd.pdf. Acesso em 11 mar. 2009.

PERUZZO, Cicilia M. K. "Cidadania, comunicação e desenvolvimento social". In: KUNSCH, Margarida M. K.; KUNSCH, Waldemar Luiz (orgs.). *Relações públicas comunitárias: a comunicação em uma perspectiva dialógica e transformadora*. São Paulo: Summus, 2007, pp. 45-58.

PONTHIEUX, Sophie. *Le capital social*. Paris: La Découverte, 2006.

PORTES, Alejandro. "Capital social: origens e aplicações na sociologia contemporânea". *Sociologia, Problemas e Práticas*, n. 33, set. 2000, pp. 133-58. Disponível em http://www.scielo.oces.mctes.pt/scielo.php?pid=S0873-6529200 0000200007&script=sci_arttext. Acesso em 8 ago. 2007.

PRIMO, Alex. "Conflito e cooperação em interações mediadas por computador". Niterói: XIV Encontro Anual da Associação Nacional dos Programas de Pós-graduação em Comunicação (Compós), 2005.

_____. "O aspecto relacional das interações na Web 2.0". *E-Compós*, v. 9, ago. 2007, pp. 1-21.

PROULX, Serge; POISSANT, Louise; SÉNÉCAL, Michel (orgs.). *Communautés virtuelles: penser et agir en reséau*. Québec: Presses de l'Université Laval, 2006.

PUTNAM, Robert. "The prosperous community: social capital and public life". *The American Prospect*, v. 4, n. 13, 1993, pp. 35-42.

_____. "Bowling alone: America's declining social capital". *Journal of Democracy*, v. 6, n. 1, jan. 1995a, pp. 65-78.

_____. "The strange disappearance of civic America". *The American Prospect*, v. 7, n. 24, dez. 1995b, pp. 34-48.

_____. "Tuning in, tuning out: the strange disappearance of social capital in America". *PS: Political Science and Politics*, v. 28, n. 4, dez. 1995c, pp. 664-83.

_____. *Comunidade e democracia: a experiência da Itália moderna*. 2. ed. Rio de Janeiro: Editora FGV, 1998.

_____. "Le déclin du capital social aux États-Unis". *Lien Social et Politique – RIAC*, n. 41, 1999, pp. 13-22.

_____. *Bowling alone: the collapse and revival of American community*. Nova York: Simon & Schuster, 2000.

_____. "La comunidade próspera: el capital social y la vida pública". *Zona Abierta*, v. 94/95, 2001a, pp. 89-104.

_____. "Social capital: measurement and consequences". *Isuma*, v. 2, n. 1, 2001b, pp. 47-58.

_____. "Bowling together". *The American Prospect*, v. 13, n. 3, 11 fev. 2002a, pp. 20-2.

Putnam, Robert. *Solo en la bolera: colapso y resurgimiento de la comunidad norteamericana*. Barcelona: Galaxia Gutemberg, 2002b.

_____. *El declive del capital social: um estudio internacional sobre sociedades y el sentido comunitario*. Barcelona: Galaxia Gutenberg, 2003.

_____. "Bowling alone: le déclin du capital social aux États-Unis". In: Bevort, Antoine; Lallement, Michel (orgs.). *Le capital social: performance, équité et réciprocité*. Paris: La Découverte, 2006.

Putnam, Robert et al. *Making democracy work: civic traditions in modern Italy*. Princeton: Princeton University Press, 1993.

_____. "Tuning in, tuning out revisited: a closer look at the causal links between television and social capital". Annual Meeting of the American Political Science Association (APSA). Atlanta, 1999.

Quan-Haase, Anabel; Wellman, Barry. "How does the internet affect social capital". In: Huysman, Marleen; Wulf, Volker (orgs.). *IT and social capital*. Cambridge: MIT Press, 2002, pp. 113-32.

Recuero, Raquel da Cunha. "Um estudo do capital social gerado a partir de redes sociais no Orkut e nos weblogs". Anais do XIV Encontro Anual da Associação Nacional dos Programas de Pós-graduação em Comunicação (Compós) [CD-ROM]. Niterói, 2005.

Reis, Bruno P. "Capital social e confiança: questões de teoria e método". *Revista de Sociologia e Política*, n. 21, nov. 2003, pp. 35-49.

Relly, Charles. "Redistribuição de direitos e responsabilidades: cidadania e capital social". In: Grau, Nuria; Bresser Pereira, Luis Carlos. *Entre o Estado e o mercado: o público não estatal*. Rio de Janeiro: FGV, 1999.

Rennó, Lucio R. "Confiança interpessoal e comportamento político: microfundamentos da teoria do capital social na América Latina". *Opinião Pública*, v. 7, n. 1, maio 2001, pp. 33-59.

Ribeiro, Luiz César Queiroz. "Metrópoles na periferia: como governar a urbs sem civitas?" *Nueva Sociedad*, n. 212, nov.-dez. 2007. Disponível em http://www.nuso.org/upload/articulos/3482_2.pdf. Acesso em 11 mar. 2009.

ROJAS, Hernando. "Comunicación, participación y democracia". *Universitas Humanística*, n. 62, jul.-dez. 2006, pp. 109-42.

_____. "Strategy versus understanding: how orientations toward political conversation influence political engagement". *Communication Research*, v. 35, n. 4, 2008, pp. 452-80.

SAMPEDRO BLANCO, Victor F. (org.). *13-M: multitudes on-line*. Madri: Los Libros de la Catarata, 2005.

SCHMIDT, João Pedro. "Exclusão, inclusão e capital social: o capital social nas ações de inclusão". In: LEAL; Rogério Gesta; REIS, Jorge Renato dos (orgs.). *Direitos sociais & políticas públicas: desafios contemporâneos*. Santa Cruz do Sul: Edunisc, t. 6, 2006, pp. 1.761-86.

SCHUDSON, Michael. "What if civic life didn't die?" *The American Prospect*, n. 25, mar.-abr. 1996, pp. 17-20.

_____. "Por que a conversação não é a alma da democracia?". *Famecos*, n. 14, 2001, pp. 19-31.

SCIARRONE, Rocco. "Reseaux mafieux et capital social". *Politix*, v. 13, n. 49, 2000, pp. 35-56.

SENNETT, Richard. *A corrosão do caráter: consequências pessoais do trabalho no novo capitalismo*. Rio de Janeiro: Record, 1999.

SERRANO, Estrela. "O espaço público e o papel do Estado na sociedade global da informação". Lisboa: Escola Superior de Comunicação Social/Instituto Politécnico de Lisboa, 1998. Disponível em http://www.bocc.ubi.pt/pag/serrano-estrela-espaco-publico-estado.pdf. Acesso em 20 maio 2006.

SILVA, Luiz Martins da. "Imprensa e cidadania: possibilidades e contradições". In: MOTTA, Luiz Gonzaga da (org.). *Imprensa e poder*. Brasília/São Paulo: Editora UnB/Imprensa Oficial, v. 1, 2002, pp. 47-74.

_____. "Jornalismo público: o social como valor-notícia". In: FRANÇA, Vera *et al.* (orgs.). *Livro do XI Compós – Estudos de comunicação*. Porto Alegre: Sulina, 2003, pp. 387-410.

SILVA, Luiz Martins da. "Jornalismo e interesse público". In: SEABRA, Manoel Roberto; SOUSA, Vivaldo de (orgs.). *Jornalismo político: teoria, história e técnicas*. Rio de Janeiro: Record, v. 1, 2006, pp. 1-250.

_____. "Publicidade do poder, poder da publicidade". In: DUARTE, Jorge (org.). *Comunicação pública: Estado, mercado, sociedade e interesse público*. São Paulo: Atlas, v. 1, 2007, pp. 1-200.

SILVA, Luiz Martins da; MATOS, Heloiza; BRANDÃO, Elisabeth (orgs.). *Comunicação pública*. Brasília: Casa das Musas, v. 1, 2003.

SILVÁN, Marika. *A model of adaptation to a distributed learning environment*. 1999. 102 p. Dissertação – Departamento de Educação, Universidade de Jyväskylä, Jyväskylä, Finlândia.

SIRVEN, Nicolas. "L'endogénéisation du rôle des institutions dans la croissance ou la (re)découverte du capital social". In: BALLET, Jérôme; GUILLON, Roland. *Regards croisés sur le capital social*. Paris: L'Harmattan, 2003, pp. 57-90.

SKOCPOL, Theda. "Unravelling from above". *The American Prospect*, n. 25, mar.-abr., 1996, pp. 20-5.

_____. "The Tocqueville problem: civic engagement in American democracy". *Social Science History*, v. 21, n. 4, 1997, pp. 455-79.

SMITH, Vicki. *Crossing the great divide: worker risk and opportunity in the new economy*. Ithaca: Cornell University Press/ILR Press, 2001.

SOTOMAYOR, Alberto Álvarez de. "¿La etnia como fuente de capital social? Una lectura crítica del análisis de las redes co-étnicas como factor del logro educativo de los alumnos inmigrantes". Córdoba: Iesa-CSIC, 2007. Disponível em http://www.iesa.csic.es/archivos/documentos-trabajo/2007/0407completo.pdf. Acesso em 11 mar. 2009.

SPEIER, Hans. "O desenvolvimento histórico da opinião pública". In: STEINBERG, Charles (org.). *Meios de comunicação de massa*. São Paulo: Cultrix, 1972.

TARDE, Gabriel. *A opinião e as massas*. São Paulo: Martins Fontes, 1992.

THAYER, Lee. "La vie des organisations". *Communication & Organisation*, n. 3, maio 1993.

THURLOW, Crispin. "Talkin' 'bout my communication: communication awareness in mid-adolescence". *Language Awareness,* v. 10, n. 2, 2001, pp. 213-31.

_____. "Teenagers in communication, teenagers on communication". *Journal of Language & Social Psychology,* v. 22, n. 1, 2003, pp. 50-7.

_____. "Deconstructing adolescent communication". In: WILLIAMS, Angie; THURLOW, Crispin (eds). *Talking adolescence: perspectives on communication in the teenage years.* Nova York: Peter Lang, 2005, pp. 1-20.

TOCQUEVILLE, Alexis de. *A democracia na América.* Belo Horizonte: Itatiaia, 1987.

TOMPKINS COUNTY. "Communications Capital Program Committee". Nova York, 2000. Disponível em http://www.tompkins-co.org/legislature/committee/comcap/032800.html. Acesso em 11 mar. 2009.

TORSVIK, Gaute. "Social capital and economic development". *Rationality and Society,* v. 12, n. 4, 2000, pp. 451-76.

TREMBLAY, Gaetan. "La societé de l'information: du fordisme au gatesisme". *Revue Communication,* v. 16, n. 2, 1995, pp. 131-58.

TSAI, Wenpin; GHOSHAL, Sumantra. "Social capital and value creation: the role of intrafirm networks". *Academy of Management Journal,* v. 41, n. 4, 1998, pp. 464-78.

USLANER, Eric M. "The civic engagement and the internet" (workshop). Grenoble: Universidade de Grenoble, 2000.

_____. "Trust, civic engagement, and the internet". *Political communication,* v. 21, abr.-jun. 2004, pp. 223-242.

VALE, Gláucia; AMÂNCIO, Robson; LAURIA, Maria Cristina. "Capital social e suas implicações para o estudo das organizações". *Organizações & Sociedade,* v. 13, n. 36, 2006, pp. 45-63.

VAN ROOY, Alison. "Comptes rendus". *Isuma,* v. 2, n. 1, 2001, pp. 149-53.

VASQUES, Eduardo. "Bem-vindo à internet social". *B2B Magazine,* ano 7, n. 86, maio 2008.

VIHERÄ, Marja-Liisa; VIUKARI, Leena. "A mobile panel to activate social capital: case study of the town of Varkaus". In: CUNNINGHAM, Miriam; FATELNIG, Peter (orgs.). *Building the knowledge economy: issues, applications, case studies.* Amsterdã: IOS Press, 2003, p. 771.

WARREN, Mark. *Democracy and association.* Princeton: Princeton University Press, 2001a.

_____. "Social capital and corruption". Exeter: School of Humanities and Social Sciences (HuSS), Universidade de Exeter, 2001b. Disponível em http://huss.exeter.ac.uk/politics/research/socialcapital/papers/warren.pdf. Acesso em 11 mar. 2009.

WEBER, Max. *A ética protestante e o espírito do capitalismo.* Brasília: Editora UnB, 1982.

WELLMAN, Barry; HOGAN, Bernie. "L'internet, une présence immanente". In: PROULX, Serge *et al. Communautés virtuelles: penser et agir en réseau.* Québec: Presse de l'Université Laval, 2006.

WELLMAN, Barry *et al.* "Does the internet increase, decrease or supplement social capital? Social networks, participation and community commitment". *American Behavior Scientist,* v. 45, n. 3, 2001, pp. 436-55.

WOLTON, Dominique. "La comunicación política: construcción de un modelo". In: FERRY, Jean-Marc; WOLTON, Dominique *et al.* (orgs.). *El nuevo espacio público.* Barcelona: Gedisa, 1989, pp. 28-46.

_____. *La contradiction de l'espace publique mediatisé.* Paris: Hermès, 1991.

WOOLCOCK, Michael; NARAYAN, Deepa. "Social capital: implication for development theory, research and policy". *The World Bank Research Observer,* v. 15, n. 2, 2000, pp. 225-49.

_____. "Capital social: implicaciones para la teoría, la investigatión y las políticas sobre desarrollo", 2007. Disponível em http://povlibrary.worldbank.org/files/13030_implicaciones.pdf. Acesso em 11 mar. 2009.

YOUNG, Kimball *et al. La opinión pública y la propaganda.* Buenos Aires: Paidós, 1969.

ZALUAR, Alba. "Democratização inacabada: fracasso da segurança pública". *Estudos Avançados, Dossiê Crime Organizado,* v. 21, n. 61, set.-dez. 2007, pp. 31-49.

ZÉMOR, Pierre. *La communication publique.* 3. ed. Paris: Presse Universitaire, 2005.

Bibliografia comentada

Ao longo de três anos de intensa pesquisa acerca do capital social e de suas relações com os campos da comunicação social, das ciências sociais e da ciência política, da economia institucional e da administração, pude reunir uma vasta bibliografia incluindo estudos teóricos e pesquisas empíricas sobre o processo de constituição do capital social. Quando iniciei a pesquisa, em 2006, a bibliografia brasileira sobre o capital social, como assinalei no primeiro capítulo, ainda se mostrava incipiente e dividida entre vários campos da ciência. Os estudos sobre o capital social na comunicação centravam-se na interface com a ciência política (democracia e engajamento cívico) e em algumas críticas às teses de Putnam que tratavam da participação da mídia (especialmente a TV) no declínio do capital social ocorrido na América.

Em meu período de estágio pós-doutoral na França, a busca bibliográfica representou um grande desafio. Consegui acesso a textos e obras atuais, entre os quais os poucos que faziam referência ao capital social, escritos por Ponthieux (2006), Bevort e Lallement (2006), Ballet e Guillon (2003). Tentei ampliar a busca em bibliotecas, centros de pesquisa e livrarias especializadas da França. Apesar da resistência apresentada pelos meus interlocutores franceses a uma associação da temática do capital social ao campo da comunicação, consegui reunir, ao final de 2007, quase quatrocentos títulos, entre textos, obras, coletâneas e sites, que, em sua grande maioria, haviam sido publicados em inglês ou traduzidos para o francês.

Durante o trabalho de leitura e análise dessas obras, algumas também publicadas em espanhol, constatei um acentuado volume de produções sobre o capital social na América Latina. Em países como México, Colômbia e Chile, o conceito alcançou ampla difusão, tanto pela relevância dos pesquisadores quanto pelas abordagens inovadoras. Irma Arriagada, Elinor Ostrom, Alejandro Portes e Hernando Rojas, entre outros, podem ser citados como pesquisadores influentes do tema – vários deles integram equipes de instituições internacionais e outros migraram para universidades e centros de pesquisa americanos.

No Brasil, encontrei alguns estudos recentes, como já foi mencionado na introdução deste livro, bem como a inserção de inúmeras pesquisas no banco de teses da Coordenação de Aperfeiçoamento de Pessoal de Nível Superior (Capes). Contudo, é ainda pouco significativo o volume de estudos que relacionam o capital social aos temas da comunicação (organizacional, política, conversação cotidiana e redes cívicas na internet). Essa ausência me levou a ampliar a pesquisa, produzir artigos e, agora, a elaborar a bibliografia comentada para integrar a última seção deste livro. Com isso, espero contribuir para o universo dos estudos nessa área, ampliando o leque de temáticas pertinentes aos diferentes campos aqui mencionados e incluindo, também, algumas referências que certamente vão despertar o interesse das novas gerações de pesquisadores.

As referências apresentadas a seguir foram organizadas de acordo com seis temas principais:

a) Conceitos e críticas: apresenta textos voltados para a definição de capital social, assim como para as falhas e limitações que se revelaram ao longo do tempo.

b) Capital social e ciências políticas e sociais: reúne textos específicos nos quais pesquisadores e especialistas, ao estudarem a noção de capital social, procuram evidenciar suas nuanças teóricas e empíricas.

c) Capital social, comunicação e mídia: os textos apresentados sob esse tema têm como principal objetivo revelar como o conceito de capital social pode ser abordado por uma perspectiva comunicacional (com foco nas relações intersubjetivas), salientando o papel dos meios de comunicação em seu estudo e constituição.

d) Capital social e tecnologias de informação e comunicação (TICs): a internet ganhou lugar de destaque nos atuais estudos referentes ao capital social. Os textos aqui indicados trazem pistas interessantes para a avaliação do impacto das TICs no desenvolvimento do capital social.

e) Capital social nas organizações: podemos identificar uma linha de estudos que salienta de que modo as redes organizacionais contribuem para o fortalecimento do capital social das empresas contemporâneas. As referências aqui indicadas auxiliarão o leitor a melhor compreender as interfaces entre o capital social e a comunicação nas organizações e associações cívicas.

f) Capital social, saúde e educação: a confiança nas instituições é um ponto importante na teoria do capital social. Na área da saúde, a confiança que pacientes e usuários de serviços públicos desenvolvem em relação aos médicos e às equipes de atendimento é crucial para a realização de um bom tratamento, baseado na cooperação recíproca e na comunicação entre todos os envolvidos. O mesmo pode ser dito quanto ao sistema educativo, que depende de relações de confiança e de reciprocidade para construir um ensino de qualidade e para gerar capital social, sobretudo em sua adaptação à sociedade de redes. Os textos aqui reunidos oferecem ao leitor a oportunidade de refletir sobre essas e outras questões.

a) Conceitos e críticas

O conceito de capital social, assim como suas relações com as práticas sociais, as redes de sociabilidade, a confiança e os valores e normas e partilhados, tem suscitado uma grande reflexão, sobretudo no campo das ciências sociais e políticas. Por um lado, a coordenação e a cooperação entre os indivíduos e grupos é facilitada pelo capital social, que prepara os indivíduos para que se integrem a um tecido social, ao facilitar o desenvolvimento de seu senso cívico e de suas capacidades comunicativas e relacionais. Por outro lado, o capital social também apresenta dimensões negativas. Nem sempre ele gera cidadania e participação, pois pode ser, também, fonte de reciprocidade, confiança e cooperação entre atores sociais ligados, por exemplo, ao tráfico de drogas, ao terrorismo e a ações de discriminação e segregação.

De modo geral, os textos indicados nesta seção da bibliografia comentada têm por objetivo estabelecer as principais características e parâmetros do conceito de capital social, suas origens e seus usos atuais. Também reunimos aqui artigos que, além de explorarem as nuanças do conceito em questão, tecem críticas a respeito das considerações feitas pelos autores tidos como autoridades no assunto, como, por exemplo, Pierre Bourdieu, Nan Lin, Robert Putnam e James Coleman.

AHN, T. K.; OSTROM, Elinor. "Social capital and the second-generation theories of collective action: an analytical approach to the forms of social capital". Boston: Encontro Anual da American Political Science Association, ago.-set. 2002.

ANDRÉ, Isabel; REGO, Patricia. "Redes y desarrollo local: la importancia del capital social y de la innovación". *Boletín de la Asociación de Geógrafos Españoles,* n. 36, 2003, pp. 117-27.

ARRIAGADA, Irma. "Capital social: potencialidades y limitaciones analíticas de un concepto". *Estudios Sociológicos,* v. 21, n. 3, 2003, pp. 557-84.

ATRIA, Raúl. "Capital social: concepto, dimensiones y estrategias para su desarrollo". In: ATRIA, Raúl et al. (orgs.). *Capital social y reducción de la pobreza: en busca de un nuevo paradigma.* Santiago: Cepal, 2003, pp. 247-357.

_____. "La dinámica del desarrollo del capital social: factores principales y su relación con movimientos sociales". *Estudios Sociales,* n. 113, 2004, pp. 159-76.

BALLET, Jérôme; GUILLON, Roland (orgs.). *Regards croisés sur le capital social.* Paris: L'Harmattan, 2003.

BAQUERO, Marcello; CREMONESE, Dejalma (orgs.). *Capital social – Teoria e prática.* Ijuí: Editora Unijuí, 2006.

BEVORT, Antoine. "A propos des théories du capital social: du lien social à l'institution politique". *Sociologie du Travail,* v. 45, n. 3, jul.-set. 2003, pp. 407-19.

_____. "El capital social y las teorías sociológicas: breve historia intelectual del capital social". Curso de verão – Uda Ikastaroak. Universidade do País Basco (Eustat), 2007a.

_____. "Las líneas de investigación del capital social". Curso de verão. Universidade do País Basco (Eustat), 2007b.

BEVORT, Antoine; LALLEMENT, Michel (orgs.). *Le capital social: performance, équité et réciprocité.* Paris: La Découverte, 2006.

BIBEAU, Gilles. "Le capital social: vicissitudes d'un concept". *Ruptures, Revue Transdisciplinaire en Santé,* v. 10, n. 2, 2005, pp. 134-68.

BUCOLO, Elisabetta. "Capital social, pour un regard critique". Anais do colóquio "Capital Social", organizados pelo Groupe de Recherche Innovations et Sociétés (Gris). Rouen: Universidade de Rouen, fev. 2003.

CAILLÉ, Alain. "Préface". Apud BEVORT, Antoine; LALLEMENT, Michel. "Le capital social. Performance, équité et réciprocité". *Revue Française de Sociologie*, edição especial: Réseaux Sociaux, vol. 36, n. 4, 1995.

COLEMAN, James. "Social capital in the creation of human capital". *American Journal of Sociology*, n. 94 (suplemento), 1988, pp. 95-120.

DURSTON, John. "Qué es el capital social comunitario?" Cepal, série Políticas Sociales, n. 38, 2000.

_____. "Capital social: definiciones, controversias, topologias". Cepal, nov. 2002.

EDWARDS, Bob; FOLEY, Michael; DIANI, Mario (orgs.). *Beyond Tocqueville: civil society and the social capital debate in comparative perspective*. Hanover: University Press of New England, 2001.

FARR, James. "In search of social capital: a reply to Ben Fine". *Political Theory*, v. 35, n. 1, 2007, pp. 54-61.

FERNÁNDEZ, Macarena López; ALCÁZAR, Fernando Martín; FERNÁNDEZ, Pedro Miguel Romero. "Una revisión del concepto y evolución del capital social". In: CALVO, Juan Carlos Ayala (org.). *Conocimiento, innovación y emprendedores: camino al futuro*. La Rioja: Universidade de La Rioja, 2007, pp. 1.060-73.

FINE, Ben. "Eleven hypotheses on the conceptual history of social capital: a response to James Farr". *Political Theory*, v. 35, n. 1, 2007, pp. 47-53.

FORNI, Pablo; SILES, Marcelo; BARREIRO, Lucrecia. "¿Qué es el capital social y cómo analizarlo en contextos de exclusión social y pobreza?". *Research Report*, n. 35, dez. 2004.

FORSÉ, Michel. "Rôle spécifique et croissance du capital social". *Revue de l'OFCE*, n. 76, jan. 2001, pp.189-216.

FOSTER, Mary; MEINHARD, Agnes; BERGER, Ida. "The role of social capital: bridging, bonding or both?" *Working Paper Series*, n. 22, nov. 2003. Disponível em http://www.ryerson.ca/cvss/WP22.pdf. Acesso em 13 ago. 2008.

FUKUYAMA, Francis. *Confiança: as virtudes sociais e a criação da prosperidade*. Rio de Janeiro: Rocco, 1996.

GOMES, Wilson. "Capital social, democracia e televisão em Robert Putnam – Tocqueville não via TV". XV Encontro da Associação Nacional dos Programas de Pós-graduação em Comunicação (Compós). Bauru: Universidade Estadual Paulista (Unesp), 2006.

GUELL, Pedro E. "¿Quién le apuesta al capital social en América Latina?" (conferência). Bogotá: Universidade do Rosário, out. 2002.

HAMIDI, Camille. "Lire le capital social: autour de Robert D. Putnam". Revue Française de Science Politique, v. 53, n. 4, ago. 2003, pp. 607-13.

HAZLETON, Vincent; KENNAN, William. "Social capital: reconceptualizing the bottom line". Corporate Communications: an International Journal, v. 5, n. 2, 2000, pp. 81-7.

HOOGHE, Marc. "Is reciprocity sufficient? Trust and reciprocity as forms of social capital". Boston: 98º Encontro Anual da American Political Science Association, ago.-set. 2002.

JACKMAN, Robert W.; MILLER, Ross A. "Social capital and politics". Annual Review of Political Science, v. 1, 1998, pp. 47-73.

LALLEMENT, Michel. "Capital social et théorie sociologique". Anais do colóquio "Capital Social", organizado pelo Groupe de Recherche Innovations et Sociétés (Gris). Rouen: Universidade de Rouen, fev. 2003.

LÉVESQUE, Maurice. "Le 'capital social': vicissitudes d'un concept, quelques commentaires pour faire avancer le débat". Ruptures, Revue Transdisciplinaire en Santé, v. 10, n. 2, 2005, pp. 169-77.

LÉVESQUE, Maurice; WHITE, Deena. "Le concept de capital social et ses usages". Lien Social et Politique – RIAC, v. 41, 1999, pp. 23-33.

LEVI, Margaret. "Capital social y asocial: ensayo crítico sobre Making democracy work, de Robert Putnam". Zona Abierta, v. 94/95, 2001, pp.105-19.

LIN, Nan. "Les ressources sociales: une théorie du capital social". Revue Française de Sociologie, v. 36, n. 4, out.-dez. 1995, pp. 685-704.

MÉDA, Dominique. "Le capital social: un point de vue critique". L'Économie Politique, v. 4, n. 14, pp. 36-47, 2002.

MILLÁN, René; GORDON, Sara. "Capital social: una lectura de tres perspectivas clásicas". *Revista Mexicana de Sociología*, v. 66, n. 4, out.-dez. 2004, pp. 711-47.

NAVARRO, Vicente. "Crítica del concepto de capital social". *Revista de Ciencias Sociales*, n. 172, 2003, pp. 27-36.

NORRIS, Pippa. "Does television erode social capital? A reply to Putnam". *PS: Political Science & Politics*, v. 29, n. 3, set. 1996, pp. 474-80.

_____. "Making democracies work: social capital and civic engagement in 47 societies", Artigo para a conferência da European Science Foundation. Exeter: Universidade de Exeter, set. 2000.

OSTROM, Elinor; AHN, T. K. "Una perspectiva del capital social desde las ciencias sociales: capital social y acción colectiva". *Revista Mexicana de Sociología*, v. 65, n. 1, jan.-mar., 2003, pp. 155-233.

"PARCOURS de recherche". Entrevista com Theda Skocpol. *Raison Politiques*, n. 6, 2002.

PONTHIEUX, Sophie. "Que faire du capital social?". Anais do colóquio "Capital Social", organizados pelo Groupe de Recherche Innovations et Sociétés (Gris). Rouen: Universidade de Rouen, fev. 2003.

_____. "Le concept de capital social, analyse critique". Contribuição ao X Colloque de l'ACN. Paris, jan. 2004, pp. 21-3.

_____. *Le capital social*. Paris: La Découverte, 2006.

PORTES, Alejandro. "Capital social: origens e aplicações na sociologia contemporânea". *Sociologia, Problemas e Práticas*, n. 33, 2000, pp. 133-58.

PUTNAM, Robert D. "Bowling alone: America's declining social capital". *Journal of Democracy*, v. 6, n. 1, jan. 1995, pp. 65-78.

_____. "Le déclin du capital social aux États-Unis". *Lien Social et Politique – RIAC*, n. 41, 1999, pp. 13-22.

_____. *Bowling alone: the collapse and revival of American community*. Nova York: Simon & Schuster, 2000.

_____. "La comunidad próspera: el capital social y la vida pública". *Zona Abierta*, v. 94/95, 2001a, pp. 89-104.

PUTNAM, Robert D. "Mesure et conséquences du capital social". *Isuma*, v. 2, n. 1, 2001b, pp. 47-58.

_____. "Social capital: measurement and consequences". *Isuma*, v. 2, n. 1, 2001c, pp. 41-52.

_____ (org.). *El declive del capital social: un estudio internacional sobre las sociedades y el sentido comunitario.* Barcelona: Fundación Ramón Trias Fargas, 2003.

_____. "E pluribus unum: diversity and community in the twenty-first century. The 2006 Johan Skytte Prize Lecture". *Scandinavian Political Studies*, v. 30, n. 2, 2007, pp. 137-74.

PUTNAM, Robert D.; CAMPBELL, David E.; YONISH, Steven. "Tuning in, tuning out revisited: a closer look at the causal links between television and social capital". Artigo apresentado no encontro anual da American Political Science Association. Atlanta, set. 1999.

REIS, Bruno P. "Capital social e confiança: questões de teoria e método". *Revista de Sociologia e Política*, n. 21, nov. 2003, pp. 35-49.

RITAINE, Évelyne. "Cherche capital social, désespérément". *Critique Internationale*, n. 12, jul. 2001, pp. 48-59.

ROUX, Christophe. "En attendant Putnam. La 'culture de défiance' italienne dans la science politique américaine de l'après-guerre: l'œuvre d'Edward C. Banfield". *Revue Internationale de Politique Comparée*, v. 10, n. 3, 2003, pp. 463-76.

SANTOS, Fabio Franklin Storino dos. *Capital social: vários conceitos, um só problema.* 2004. 84 p. Dissertação (Mestrado em Administração Pública e Governo) – Fundação Getúlio Vargas, São Paulo.

SHULLER, Tom. "Complémentarité du capital humain et du capital social". *Isuma*, v. 2, n. 1, 2001, pp. 20-7.

THIEBAULT, Jean-Louis. "Avant-propos: les travaux de Robert D. Putnam sur la confiance, le capital social, l'engagement civique et la politique comparée". *Revue Internationale de Politique Comparée*, v. 10, n. 3, 2003, pp. 341-55.

USLANER, Eric; DEKKER, Paul. "The 'social' in social capital". In: _____ (orgs.). *Social capital and participation in everyday life.* Londres: Routledge, 2001, pp. 176-87.

b) Capital social e ciências políticas e sociais

As intersecções entre o conceito de capital social, as ciências políticas e as ciências sociais encontram-se marcadas por uma intensa produção acerca das contribuições que o capital social pode trazer à democracia. O processo de construção do capital social seria, assim, uma importante dimensão do bom funcionamento das instituições públicas, do desenvolvimento econômico, da partilha de poder no governo local e da participação cívica. A atual ampliação dos espaços democráticos e de participação popular é propícia para uma investigação empírica quanto ao compromisso dos cidadãos com a vida pública, ao seu engajamento cívico e à sua vontade de se inserir na prática política. Além disso, o capital social, do ponto de vista do associativismo, tem sido apontado como um recurso indispensável para o estabelecimento da participação cívica das classes populares em práticas decisórias. Nesse sentido, as redes sociais compostas de vizinhos, amigos, membros de grupos e setores que partilham os mesmos objetivos e experiências tornam-se foco de grande interesse científico.

Entretanto, o capital social também pode ser associado à exclusão social e política, à discriminação sexual, à corrupção e à incapacidade de participação dos cidadãos na esfera pública de debate político. As mesmas normas de reciprocidade, confiança e cooperação que regem as associações cívicas coordenam também as ações do tráfico de drogas, dos políticos mal-intencionados e das facções racistas.

Os textos sugeridos a seguir refletem, segundo uma perspectiva sociológica e política, as principais indagações e preocupações geradas pela retomada do conceito de capital social.

AGUIAR, Neuma (org.). *Desigualdades sociais, redes de sociabilidade e participação política*. Belo Horizonte: Ed. UFMG, 2007.

ALLANIC, Louis Alfredo Rosales. *Associativismo e posturas democráticas: as perspectivas do capital social e de Jürgen Habermas*. 2005. 120 p. Dissertação (Mestrado em Ciência Política) – Universidade Federal de Minas Gerais, Belo Horizonte, Minas Gerais.

ANCKAR, Dag. "Social capital and democracy". Department of Political Science, Åbo Akademi, 2004-2007. Disponível em http://reclaimingdemocracy.us/public/wp-content/uploads/2008/03/socialcapitaldemocracy.pdf. Acesso em 12 set. 2008.

ARIAS, Enrique Desmond. "The trouble with social capital: networks and criminality in Rio de Janeiro". Boston: The 2002 Annual Meeting of the American Political Science Association, ago.-set. 2002.

_____. *Drugs & democracy in Rio de Janeiro: trafficking, social networks and public security*. Chapel Hill: University of North Carolina Press, 2006.

BAQUERO, Marcello. "Construindo uma outra sociedade: o capital social na estruturação da política participativa no Brasil". *Revista de Sociologia e Política*, n. 21, nov. 2003, pp. 83-108.

_____ (org.). *Democracia, juventude e capital social no Brasil*. Porto Alegre: Ed. UFRGS, 2004.

BODY-GENDROT, Sophie; GITTELL, Marilyn (orgs.). *Social capital and social citizenship*. Oxford: Lexington Books, 2003.

CANTOS, Francisco López. "Formación de capital social en democracia: sociedad civil y modelos comunicativos". *Global Media Journal*, v. 3, n. 6, 2006, pp. 1-19.

COOK, Timothy. "Trust, distrust, confidence, lack of confidence: new evidence of public opinion toward government and institutions from 2002". Artigo preparado para apresentação no encontro anual da Southern Political Science Association. Savannah, nov. 2002.

COSTA, Maria Alice Chaves Nunes. *Samba e solidariedade: capital social e parcerias coordenando as políticas sociais da Mangueira*, RJ. 2002. 308 p. Dissertação (Mestrado em Ciência Política) – Universidade Federal Fluminense, Niterói, Rio de Janeiro.

CREMONESE, Dejalma. *Participação política e capital social em Ijuí.* 2006. 265 p. Dissertação (Doutorado em Ciência Política) – Universidade Federal do Rio Grande do Sul, Porto Alegre, Rio Grande do Sul.

DEKKER, Paul; USLANER, Eric. (orgs.). *Social capital and participation in everyday life.* Londres: Routledge, 2001.

DURSTON, Jonh. "Nuevas exclusiones en la complejidad social contemporánea: un comentario desde el paradigma del capital social". *Revista del Magíster em Antropologia y Desarrollo,* n. 14, maio 2006, pp. 4-7.

FERRAREZI, Elisabete. "Capital social: conceitos e contribuições às políticas públicas. A longa sombra das transições presidenciais". *Revista do Serviço Público,* ano 54, n. 4, out.-dez. 2003, pp. 7-21.

GARGIULO, Martin; BENASSI, Mario. "The dark side of social capital". In: LEENDERS, Roger; GABBAY, Shaul. *Corporate social capital and liability.* Boston: Kluwer, 1999.

IKEDA, Ken'ichi. "Social capital and social communication in Japan: political participation and tolerance". Center for the Study of Democracy, paper 02-05, ago. 2002. Disponível em http://repositories.cdlib.org/cgi/viewcontent.cgi?article =1003&context=csd. Acesso em 12 mar. 2009.

JACKMAN, Robert; MILLER, Ross. "Social capital and politcs". *Annual Review of Political Science,* v. 1, jun. 1998, pp. 47-73.

JACOBIL, Pedro R. *et al.* "Capital social e desempenho institucional – reflexões teórico-metodológicas sobre estudos no comitê da bacia hidrográfica do Alto Tietê, SP". *Ambiente & Sociedade,* v. 2, 2006.

KEELE, Luke. "Social capital and the dynamics of trust in government". *American Journal of Political Science,* v. 51, n. 2, 2007, pp. 241-54.

KLESNER, Joseph. "Social capital and political participation in Latin America". Artigo preparado para apresentação no XXV International Congress of the Latin American Studies Association. Las Vegas, out. 2004.

KLIKSBERG, Bernardo. "Capital social y cultura, claves olvidadas del desarrollo". *Foro Internacional*, n. 169, 2002, pp. 454-96.

LA DUE LAKE, Ronald; HUCKFELDT, Robert. "Social capital, social networks, and political participation". *Political Psychology*, v. 19, n. 3, set. 1998, pp. 567-84.

LANDRY, Réjean; AMARA, Nabil; LAMARI, Moktar. "Capital social, innovation et politiques publiques". *Isuma*, v. 2, n. 1, 2001, pp. 63-71.

LEMIEUX, Vincent. "Le capital social dans les situations de coopération et de conflit". *Isuma*, v. 2, n. 1, 2001, pp. 82-6.

LEYDEN, Kevin. "Neighborhood design, political participation & social capital". Artigo apresentado no encontro anual da American Political Science Association. Boston, 28 ago. 2002.

MAGALHÃES, Alexander Soares. *Entre movimentos e possibilidades: grupos policiais, tráfico de drogas e capital social na zona oeste da cidade do Rio de Janeiro*. 2007. 77 p. Dissertação (Mestrado em Ciência Política) – Universidade Federal Fluminense, Niterói, Rio de Janeiro.

MARTELETO, Regina M.; SILVA, Antonio B. "Redes e capital social: o enfoque da informação para o desenvolvimento local". *Ciência da Informação*, v. 33, n. 3, set.-dez. 2004, pp. 41-9.

MILANI, Carlos. "Teorias do capital social e desenvolvimento local: lições a partir da experiência de Pintadas (Bahia, Brasil)", texto produzido em meio ao projeto de pesquisa Capital Social, Participação Política e Desenvolvimento Local: atores da sociedade civil e políticas de desenvolvimento local na Bahia. Salvador: Escola de Administração da UFBA, NPGA/Nepol/PDGS, 2005.

NAVES, Marie-Cécile. "Démocratie, libéralisme et capital social. Une lecture de Trust de Francis Fukuyama". *Revue Internationale de Politique Comparée*, v. 10, n. 3, 2003, pp. 477-88.

NORRIS, Pippa; DAVIS, James. "A transatlantic divide? Social capital in the United States and Europe". Bruxelas: European Social Survey Launch Conference, nov. 2003.

NORRIS, Pippa; INGLEHART, Ronald. "Gendering social capital: bowling in women's leagues?" (conferência). St. John's College, University of Manitoba, maio 2003.

NUNNALLY, Shayla. "Private versus public spheres: the effect of race and gender on social capital, 1915-1960". Cingapura: APSA Conference, 2002.

POWER, Timothy J.; GONZÁLEZ, Júlio. "Cultura política, capital social e percepções sobre corrupção: uma investigação quantitativa em nível mundial". *Revista de Sociologia e Política*, v. 21, nov. 2003, pp. 51-69.

PRAKASH, Sanjeev; SELLE, Per. "Investigating social capital comparative perspectives on participation, civil society and local governance". Voss: Nordic Association for South Asian Studies Conference, set. 2001.

PULCINA, Débora Cardoso. *O Banco Mundial e o capital social: novas concepções sobre o papel do Estado e da sociedade civil no processo de desenvolvimento.* 2002. 145 p. Dissertação (Mestrado em Ciência Política) – Universidade Federal Fluminense, Niterói, Rio de Janeiro.

PUTNAM, Robert. *Comunidade e democracia: a experiência da Itália moderna.* 2. ed. Rio de Janeiro: Editora FGV, 1998.

RETIÈRE, Jean-Noël. "Autour de l'autochtonie: réflexions sur la notion de capital social populaire". *Politix*, v. 16, n. 63, 2003, pp. 121-43.

ROJAS, Hernando. "Strategy versus understanding: how orientations toward political conversation influence political engagement". *Communication Research*, v. 35, 2008, pp. 452-80.

ROTHSTEIN, Bo; STOLLE, Dietlind. "How political institutions create and destroy social capital: an institutional theory of generalized trust". Artigo apresentado no encontro anual da American Political Science Association. Boston, 28 ago. 2002.

SACHS, Ignacy; LAGES, Vinicius. "Capital social e desenvolvimento: novidade para quem?" Artigo apresentado na Conferencia Regional sobre Capital Social y Pobreza. Santiago, set. 2001.

SANTOS, José M.; LÓPEZ, José Atilano. "Actividad asociativa, confianza y generación de capital social: evidencia empírica". *Ekonomiaz*, n. 59, 2005, pp. 136-59.

SCHMIDT, João Pedro. "Exclusão, inclusão e capital social: o capital social nas ações de inclusão". In: LEAL, Rogério Gesta; REIS, Jorge Renato dos (orgs.). *Direitos sociais & políticas públicas: desafios contemporâneos*. Santa Cruz do Sul: Edunisc, t. 6, 2006, pp. 1.761-86.

SCHNEIDER, Fábio Böckmann. *Integração regional e capital social*. 2005. 134 p. Dissertação (Mestrado em Ciência Política) – Universidade Federal do Rio Grande do Sul, Porto Alegre, Rio Grande do Sul.

SCHULLER, Tom. "Complémentarité du capital humain et du capital social". *Isuma*, vol. 2, n. 1, 2001, pp. 20-7.

SCIARRONE, Rocco. "Réseaux mafieux et capital social". *Politix*, v. 13, n. 49, 2000, pp. 35-56.

SETTON, Maria da Graça Jacintho. *Rotary Club: clubes de serviço ou clubes de capital social e capital simbólico*. 1996. Dissertação (Doutorado em Sociologia) – Universidade de São Paulo, São Paulo.

SKOCPOL, Theda. "Will 9/11 and the war on terror revitalize American civic democracy?" *PS: Political Science & Politics*, v. 35, set. 2002, pp. 537-40.

TEIXIDÓ, Lucrecia. "Algunas reflexiones sobre el capital social en contexto de crisis". *Observatorio Social*, n. 14, set. 2004, pp. 11-5.

USLANER, Eric M. "Democracy and social capital". In: WARREN, Mark (org.). *Democracy and trust*. Cambridge: Cambridge University Press, 1999a, pp. 121-50.

_____. "Trust but verify: social capital and moral behavior". *Social Science Information*, v. 38, n. 1, 1999b, pp. 29-55.

_____. "Bowling almost alone: political participation in a new democracy". Artigo apresentado nas ECPR Joint Sessions of Workshops – Emerging Repertoires of Political Action: toward a systematic study of postconventional forms of participation. *Uppsala*, abr. 2004a.

_____. *Political parties and social capital, political parties or social capital, handbook of political parties*. Londres: Sage, 2004b.

VERSCHOORE FILHO, Jorge R. "El capital social y los nuevos instrumentos de políticas públicas para el desarrollo sostenido: la experiencia de Río Grande do

Sul, Brasil". *Revista del CLAD: Reforma y Democracia,* n. 17, jun. 2000, pp. 127-60.

VILLA, Rafael Duarte. "Política externa brasileira: capital social e discurso democrático na América do Sul". *Revista Brasileira de Ciências Sociais,* v. 21, n. 61, jun. 2006, pp. 63-89.

WALLIS, Joe; DOLLERY, Brian. "Social capital and local government capacity". *Australian Journal of Public Administration,* v. 61, n. 3, set. 2002, pp. 76-85

WEBER, Luiz Alberto. *Capital social e corrupção política nos municípios brasileiros (o poder do associativismo).* 2006. Dissertação (Mestrado em Ciência Política) – Universidade de Brasília, Brasília, Distrito Federal.

WOOLCOCK, Michael. "La importancia del capital social para comprender los resultados económicos y sociales", primavera de 2001. Disponível em http://www.preval.org/documentos/00489.pdf. Acesso em 10 out. 2007.

WOOLCOCK, Michael; NARAYAN, Deepa. "Capital social: implicaciones para la teoría, la investigación y las políticas sobre desarrollo". Disponível em http://poverty2.forumone.com/files/13030_implicaciones.pdf. Acesso em 3 ago. 2006.

c) Capital social, comunicação e mídia

O processo de constituição do capital social é, por excelência, comunicativo. A capacidade de obter e trocar informações, a construção recíproca de entendimentos sobre questões controversas, além das interações que se estabelecem cotidianamente nos espaços de convívio da própria comunidade, são parte integrante do capital social dos indivíduos e grupos. A comunicação é essencial para a elaboração de redes entre os indivíduos e atores localizados em outros espaços sociais. É por meio dela que a participação se concretiza, que a cidadania toma forma e que a democracia se fortalece.

A tese de Putnam sobre o declínio do capital social na América apontou os meios de comunicação, principalmente a televisão, como suspeitos principais da diminuição da confiança dos americanos em suas instituições e da sua participação nos assuntos políticos. A televisão, e seu consumo privado, seria responsável por uma grande queda da reciprocidade, da coesão social e da atividade associativa. Em contrapartida, alguns dos textos reunidos nesta seção são o resultado de pesquisas empíricas destinadas a testar a hipótese de Putnam. Examinando as relações entre a comunicação interpessoal e o consumo midiático, vários são os autores que afirmam que o uso dos meios de comunicação está positivamente relacionado com a produção do capital social. A mídia interage com as redes comunicacionais do cotidiano, estimulando os indivíduos a produzirem julgamentos mais informados, a examinarem criticamente os cenários políticos e a participarem de debates na esfera pública. Na conversação política, o uso de mensagens midiáticas esclarece aos interlocutores os aspectos mais relevantes de determinado problema.

FLEMING, Kenneth; THORSON, Esther; PENG, Zengjun. "Associational membership as a source of social capital: its links to use of local newspaper, interpersonal communication, entertainment media, and volunteering". *Mass Communication & Society*, v. 8, n. 3, 2005, pp. 219-40.

FRIEDLAND, Lewis. "Communication, community, and democracy: toward a theory of the communicatively integrated community". *Communication Research*, v. 28, 2001, pp. 358-91.

HOOGHE, Marc. "Television and civic attitudes: the effect of television time, programmes and stations". *Ethical Perspectives*, v: 9, n. 4, 2002, pp. 230-48.

INMAN, Mariam. "Social capital as a communicative paradigm". *Health Informatics Journal*, v. 9, n. 1, 2003, pp. 57-64.

KUNSCH, Margarida M. K; KUNSCH, Waldemar Luiz (orgs.). *Relações públicas comunitárias: a comunicação em uma perspectiva dialógica e transformadora*. São Paulo: Summus, 2007.

LEE, Gang Heong; CAPPELLA, Joseph N.; SOUTHWELL, Brian. "The effects of news and entertainment on interpersonal trust: political talk radio, newspapers, and television". *Mass Communication & Society*, v. 6, n. 4, 2003, pp. 413-34.

MARTELETO, Regina Maria; SILVA, Antonio Braz de Oliveira e. "Redes e capital social: o enfoque da informação para o desenvolvimento local". *Ciência e Informação*, v. 33, n. 3, set.-dez. 2004, pp. 41-9.

MOY, Patricia; SCHEUFELE, Dietram; HOLBERT, R. Lance. "Television use and social capital: testing Putnam's time displacement hypothesis". *Mass Communication & Society*, v. 2, n. 1, 1999, pp. 27-45.

NORRIS, Pippa. "Social capital and the news media". *The International Journal of Press/Politics*, v. 7, 2002, pp. 3-8.

PASEK, Josh et al. "America's youth and community engagement: how use of mass media is related to civic activity and political awareness in 14 to 22-year-olds". *Communication Research*, v. 33, 2006, pp. 115-35.

ROJAS, Hernando. "Comunicación, participación y democracia". *Universitas Humanística*, n. 62, jul.-dez. 2006, pp: 109-42.

ROJAS, Hernando; SHAH, Dhavan; FRIEDLAND, Lewis. "A communicative approach to social capital: a test in an urban context within a society in crisis", 2006. Disponível em http://users.polisci.wisc.edu/behavior/Papers/Rojas_Shah_Friedland2006.pdf. Acesso em 12 mar. 2009.

SCHEUFELE, Dietram; SHAH, Dhavan. "Personality strength and social capital: the role of dispositional and informational variables in the production of civic participation". *Communication Research*, v. 27, abr. 2000, pp. 107-31.

SHAH, Dhavan. "Civic engagement, interpersonal trust, and television use: an individual-level assessment of social capital". *Political Psychology*, v. 19, n. 3, 1998, pp. 469-96.

SHAH, Dhavan; MCLEOD, Jack M.; YOON, So-Hyang. "Communication, context, and community: an exploration of print, broadcast, and internet influences". *Communication Research*, v. 28, n. 4, ago. 2001, pp. 464-506.

TONHOZI, Telia Negão. *Ciberespaço, via de empoderamento de gênero e formação de capital social*. 2006. 162 p. Dissertação (Mestrado em Ciência Política) – Universidade Federal do Rio Grande do Sul, Porto Alegre, Rio Grande do Sul.

USLANER, Eric. "Social capital, television, and the 'mean world': trust, optimism, and civic participation". *Political Psychology*, v. 19, n. 3, 1998, pp. 441-67.

ZHANG, Weiwu; CHIA, Stella. "The effects of mass media use and social capital on civic and political participation". *Communication Studies*, v. 57, n. 3, 2006, pp. 277-97.

d) Capital social e tecnologias de informação e comunicação (TICs)

Os textos reunidos nesta seção são o resultado de estudos sobre o papel da internet na formação do capital social. Grande parte deles questiona-se sobre o impacto que o uso da internet teria sobre a natureza e o impacto do engajamento dos indivíduos em redes sociais formais e informais. Em vários desses textos encontramos afirmações sobre a complementariedade do capital social produzido on-line e off-line. Assim, o capital social e o engajamento cívico poderiam aumentar quando as comunidades virtuais se desenvolvem em torno de comunidades reais, e quando essas comunidades virtuais alimentam novas comunidades de interesse.

De acordo com alguns autores, a internet também seria importante para reforçar relações de vizinhança, facilitando a discussão e a mobilização das pessoas em torno de assuntos locais. Desse ponto de vista, a participação on-line teria a capacidade de aprofundar os vínculos entre aqueles que partilham crenças semelhantes, assim como de criar possibilidades de interlocução entre pessoas que defendem interesses e posições diferenciados. Além disso, alguns trabalhos aqui reunidos preocupam-se em revelar como os conceitos de cidadania e participação cívica são percebidos por públicos jovens, e discorrer sobre qual seria o papel desempenhado pela internet em seu engajamento cívico.

A maioria dos autores citados a seguir não se restringe às potencialidades da internet e às suas contribuições para o engajamento cívico. Eles acreditam que a proliferação de comunidades virtuais por si mesma não pode ser considerada como um indicador de revitalização política. Contudo, salientam que as práticas interativas e conversacionais on-line (ainda que persistam os problemas ligados à exclusão digital e às clivagens sociais) podem ser vistas como elementos integrantes do amplo processo de regeneração da vida cívica e política.

BARRAKET, Jo. "Online opportunities for civic engagement? An examination of Australian third sector organisations on the internet". *Australian Journal of Emerging Technologies and Society*, v. 3, n. 1, 2005, pp. 17-30.

BAVEL, René van; PUNIE, Yves; TUOMI, Ikka. "Cambios en el capital social posibilitados por las TIC". *IPTS Report*, n. 85, jul. 2004.

BELL, Brandi L. "Children, youth, and civic (dis)engagement: digital technology and citizenship". Cracin working paper n. 5. Toronto: Canadian Research Alliance for Community Innovation and Networking/Alliance Canadienne de Recherche pour le Réseautage et l'Innovation Communautaires, jun. 2005.

BEST, Samuel J.; KRUEGER, Brian S. "Online interactions and social capital distinguishing between new and existing ties". *Social Science Computer Review*, v. 24, n. 4, 2006, pp. 395-410.

BLANCHARD, Anita; CLAREMONT, Tom Horan. "Virtual communities and social capital". *Social Science Computer Review*, v. 16, n. 3, 1998, pp. 293-307.

CHO, Hichang; LEE, Jae-Shin. "Collaborative information seeking in intercultural computer-mediated communication groups: testing the influence of social context using social network analysis". *Communication Research*, v. 35, n. 4, 2008, pp. 548-73.

COLEMAN, Stephen; GØTZE, Jonh. *Bowling together: online public engagement in policy deliberation*. Londres: Hansard Society, 2001.

CURTICE, John; NORRIS, Pippa. "Isolates or socialites? The social ties of internet users". In: PARK, Alison *et al.* (orgs.). *British social attitudes: the 23rd report – Perspectives on a changing society.* Londres: Sage, 2007.

DIMAGGIO, Paul *et al.* "Social implications of the internet". *Annual Reviews of Sociology*, v. 27, 2001, pp. 307-36

DOODY, Maureen. "Social capital and community networking: ethno-cultural use of community networking initiatives in Canada". Artigo apresentado no Prato Colloquium – Community Informatics Research Network. Prato (Itália), set.-out. 2004.

GARSON, G. David (org.). *Social dimensions of information technology: issues for the new millennium.* Hershey: Ideas Group, 2000.

GLOGOFF, Stuart. "Virtual connections: community bonding on the net". *First Monday*, v. 6, n. 3, mar. 2001. Disponível em http://firstmonday.org/htbin/cgiwrap/bin/ojs/index.php/fm/article/view/840/749. Acesso em 12 mar. 2009.

GOLDSTEIN, Roxana. "Democracia electrónica, participación ciudadana y desarrollo: el rol de las TIC en la construcción de capital social a través del fortalecimiento democrático". Barcelona: I Congreso Online del Observatorio para la CiberSociedad (OCS), 2004a.

_____. *Sociedad de la información, democracia y desarrollo. Las TICs como herramientas para los procesos participativos en la gestión local.* 2004b. 71 p. Dissertação (Mestrado em Sociologia) – Facultad de Humanidades y Ciencias Sociales, Universidad de Palermo, Buenos Aires. Disponível em http://www.funredes.org/mistica/castellano/ciberoteca/participantes/docuparti/Goldstein_Roxana_Tesina_SI_DEM_DEV_2004.pdf. Acesso em 1 8 ago. 2008.

GRANJON, Fabien; LELONG, Benoit. "Capital social, stratifications et technologies de l'information et de la communication: une revue des travaux français et anglo-saxons". *Réseaux*, v. 139, maio 2006, pp. 147-81.

HAMPTON, Keith; WELLMAN, Barry. "Neighboring in Netville: how the internet supports community and social capital in a wired suburb". *City & Community*, v. 2, n. 4, dez. 2003, pp. 277-311.

HERRERO, Juan *et al*. "Participación social en contextos virtuales". *Psicothema*, v. 16, n. 3, 2004, pp. 456-60.

KIM, Ji-Young. "The impact of internet use patterns on political engagement: a focus on online deliberation and virtual social capital". *Information Polity*, v. 11, 2006, pp. 35-49.

LANGDON, Winner Rensselaer. "Technological euphoria and contemporary citizenship". *Techné*, v. 9, n. 1, 2005.

LEMOS, André. "Cibercidades: um modelo de inteligência coletiva". In: ____ (org.). *Cibercidade: as cidades na cibercultura*. Rio de Janeiro: E-papers, 2004, pp. 19-26.

NORRIS, Pipa. "Social capital and ICTs: widening or reinforcing social networks?" Artigo apresentado no International Forum on Social Capital for Economic Revival, promovido pelo Economic and Social Research Institute. Tóquio, 24-25 mar. 2003.

QUAN-HAASE, Anabel; WELLMAN, Barry. "How does the internet affect social capital". In: HUYSMAN, Marleen; WULF, Volker (orgs.). *Social capital and information technology*. Cambridge: MIT Press, 2004, pp. 113-31.

RECUERO, Raquel da Cunha. "Dinâmicas de redes sociais no Orkut e capital social". *UNIrevista*, v. 1, n. 3, jul. 2006.

RESNICK, Paul. "Impersonal sociotechnical capital, ICTs and collective action among strangers". In: DUTTON, William H. (org.). *Transforming enterprise: the economic and social implications of information technology*. Cambridge: MIT Press, 2005.

SCHWIRTLICH, Anne-Marie. "The role of ICT in building communities and social capital". Paper apresentado ao Council of Australian State Libraries, mar. 2005. Disponível em http://www.nsla.org.au/publications/submissions/2005/pdf/NSLA.Submission-20050301-Role.of.ICT.in.Building.Communities.and.Social.Capital.pdf. Acesso em 22 ago. 2008.

SHAH, Dhavan *et al.* "Information and expression in a digital age: modeling internet effects on civic participation". *Communication Research,* v. 32, out. 2005, pp. 531-65.

SHAH, Dhavan; KWAK, Nojin; HOLBERT, R. Lance. "'Connecting' and 'disconnecting' with civic life: patterns of internet use and the production of social capital. *Political Communication,* v. 18, 2001, pp. 141-62.

THIERRY, Pénard; POUSSING, Nicolas. "Usage d'internet et investissement en capital social". *Cahier de Recherche,* n. 6, jun. 2006.

USLANER, Eric M. "Social capital and the net". *Communications of the ACM,* v. 43, n. 12, 2000, pp. 60-4.

WALTHER, Joseph B.; GAY, Geri; HANCOCK, Jeffrey. "How do communication and technology researchers study the internet?" *Journal of Communication,* v. 55, n. 3, set. 2005, pp. 632-57.

WELLMAN, Barry; "Designing the internet for a networked society: little boxes, glocalization, and networked individualism". *Communications of the ACM,* v. 45, n. 5, maio 2002, pp. 91-6.

e) Capital social nas organizações

Muitos autores têm se dedicado a explorar os critérios mais apropriados para a avaliação do papel da confiança, da reciprocidade e da cooperação nas organizações e nas associações civis. O capital social facilitaria a comunicação interna entre os membros das organizações e associações cívicas, bem como seria peça-chave no relacionamento com o público e a comunidade externa. Nesse sentido, o conceito de capital social se mostra adequado para a análise referente a como as relações interorganizacionais e extraorganizacionais podem proporcionar um melhor desempenho econômico e social. Por outro lado, as dimensões estrutural, cognitiva e relacional do capital social precisam ser administradas com eficiência e cuidado, de maneira apropriada ao contexto das organizações, multiplicando os recursos comunicacionais disponíveis e ampliando as redes sociais.

BORDA, Gilson Zehetmeyer. *Capital social organizacional: a confiança nas instituições de ensino superior em Brasília*. 2007. 282 p. Dissertação (Doutorado em Sociologia) – Universidade de Brasília, Brasília, Distrito Federal.

BURT, Ronald S. "Le capital social, les trous structuraux et l'entrepreneur". *Revue Française de Sociologie*, v. 36, n. 4, out.-dez.,1995, pp. 599-628.

_____. "The social capital of opinion leaders". The Annals of the American Academy of Political and Social Science, v. 566, nov. 1999, pp. 37-54.

GALÁN, José L.; CASTRO, Ignacio. "Las relaciones interorganizativas como fuente de capital social". *Universia Business Review*, n. 2, 2004, pp. 104-17.

GORDON R., Sara. "Confianza, capital social y desempeño de organizaciones". *Revista Mexicana de Ciencias Políticas y Sociales*, v. 47, n. 193, jan.-mar. 2005, pp. 41-55.

PATUREL, Robert; RICHOMME-HUET, Katia; DE FREYMAN, Julien. "Du capital social au management relationnel". Artigo apresentado na XIV Conférence Internationnale de Management Stratégique. Angers, 2005. Disponível em http://www.strategie-aims.com/angers05/com/99-904comd.pdf. Acesso em 11 mar. 2009.

RAMÍREZ, José J.; SÁNCHEZ, Teresa; BERNARDINO, Fernando. "Organizaciones sociales: actores que incentivan la formación de capital social". *Quivera*, v. 8, n. 2, 2006, pp. 276-96.

f) Capital social, saúde e educação

As teorias do capital social enfatizam a importância do vínculo entre a confiança social e o funcionamento adequado das instituições. Na área da saúde, a confiança acordada com a medicina é geralmente vista como capaz de influenciar a efetividade de tratamento, a qualidade da comunicação entre médicos e pacientes e a cooperação durante o tratamento. Além disso, alguns pesquisadores acreditam que a igualdade na distribuição de renda poderia afetar diretamente a saúde dos indivíduos devido ao impacto que causaria sobre a coesão social e sobre o capital social. Eles afirmam também que o capital social pode contribuir diretamente para o estado de saúde das pessoas, ou pode contribuir para a elaboração de políticas públicas favoráveis a um melhor tratamento da saúde da população.

Na área da educação, o capital social desempenha um papel central quando se trata de investigar a qualidade da relação entre a escola e a comunidade (seja ela interna ou externa), tomando-a como fator de extrema relevância para a promoção das atividades desenvolvidas nas instituições de ensino. Nos textos indicados a seguir, o papel do capital social no funcionamento das instituições modernas ligadas à saúde e à educação é investigado com base em diferentes pontos de vista.

BLISKA, Anita Vera. *Capital social em comunidades virtuais de aprendizagem.* 2007. 167 p. Dissertação (Mestrado em Comunicação) – Escola de Comunicações e Artes, Universidade de São Paulo, São Paulo.

MENESES, Julio; MOMINÓ, Josep Maria; MUÑOZ-ROJAS, Olivia. "La escuela eficaz en la Sociedad Red: el uso de internet y la generación de capital social en la relación de la escuela con la comunidad y el territorio". *Revista Electrónica Iberoamericana sobre Calidad, Eficacia y Cambio en Educación* (Reice), v. 3, n. 1, 2005, pp. 698-711.

NORRIS, Pippa. "Skeptical patients: performance, social capital, and culture", artigo apresentado na conferência The Public's Health: A Matter of Trust – Causes, Consequences, and Cures Symposium". Cambridge: Harvard School of Public Health, 13-15 nov., 2002.

SILVEIRA, Angelita Fialho. *Capital social e educação: perspectiva sobre empoderamento da juventude em Porto Alegre.* 2005. 114 p. Dissertação (Mestrado em Ciência Política) – Universidade Federal do Rio Grande do Sul, Porto Alegre, Rio Grande do Sul.

VEENSTRA, Gerry. "Capital social et santé". *Isuma*, v. 2, n. 1, 2001, pp. 82-92.

IMPRESSO NA
sumago gráfica editorial ltda
rua itauna, 789 vila maria
02111-031 são paulo sp
telefax 11 **2955 5636**
sumago@terra.com.br

------------------------------ dobre aqui ------------------------------

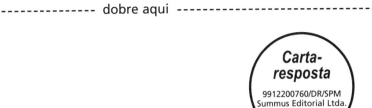

Carta-resposta
9912200760/DR/SPM
Summus Editorial Ltda.
CORREIOS

CARTA-RESPOSTA
NÃO É NECESSÁRIO SELAR

O SELO SERÁ PAGO POR

AC AVENIDA DUQUE DE CAXIAS
01214-999 São Paulo/SP

------------------------------ dobre aqui ------------------------------

CAPITAL SOCIAL E COMUNICAÇÃO

summus editorial

CADASTRO PARA MALA-DIRETA

Recorte ou reproduza esta ficha de cadastro, envie-a completamente preenchida por correio ou fax, e receba informações atualizadas sobre nossos livros.

Nome: _____ Empresa: _____
Endereço: ☐ Res. ☐ Com. _____ Bairro: _____
CEP: _____ - _____ Cidade: _____ Estado: _____ Tel.: ( ) _____
Fax: ( ) _____ E-mail: _____
Profissão: _____ Professor? ☐ Sim ☐ Não Disciplina: _____ Data de nascimento: _____

1. Você compra livros:
☐ Livrarias ☐ Feiras
☐ Telefone ☐ Correios
☐ Internet ☐ Outros. Especificar: _____

2. Onde você comprou este livro? _____

3. Você busca informações para adquirir livros por meio de:
☐ Jornais ☐ Amigos
☐ Revistas ☐ Internet
☐ Professores ☐ Outros. Especificar: _____

4. Áreas de interesse:
☐ Educação ☐ Administração, RH
☐ Psicologia ☐ Comunicação
☐ Corpo, Movimento, Saúde ☐ Literatura, Poesia, Ensaios
☐ Comportamento ☐ Viagens, *Hobby*, Lazer
☐ PNL (Programação Neurolingüística)

5. Nestas áreas, alguma sugestão para novos títulos? _____

6. Gostaria de receber o catálogo da editora? ☐ Sim ☐ Não
7. Gostaria de receber o Informativo Summus? ☐ Sim ☐ Não

Indique um amigo que gostaria de receber a nossa mala-direta:

Nome: _____ Empresa: _____
Endereço: ☐ Res. ☐ Com. _____ Bairro: _____
CEP: _____ - _____ Cidade: _____ Estado: _____ Tel.: ( ) _____
Fax: ( ) _____ E-mail: _____
Profissão: _____ Professor? ☐ Sim ☐ Não Disciplina: _____ Data de nascimento: _____

Summus Editorial
Rua Itapicuru, 613 7º andar 05006-000 São Paulo - SP Brasil Tel. (11) 3872-3322 Fax (11) 3872-7476
Internet: http://www.summus.com.br e-mail: summus@summus.com.br

cole aqui